Economía circular
-más allá del reciclaje-

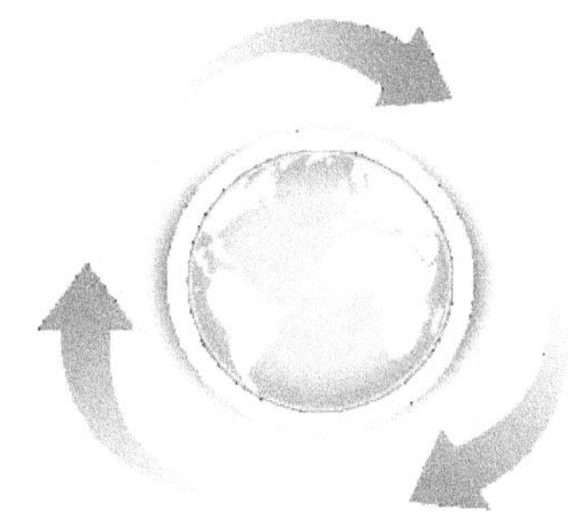

Diane Collins

Ediciones Afrodita

Índice:

Capítulo 1
Cultura de Consumo
y Medio Ambiente

"El cambio climático es el síntoma, la cultura de consumo es la enfermedad" (Atkin).

Durante el siglo pasado, la cultura de consumo ha tenido impactos muy destructivos en el medio ambiente. La cultura de consumo, o sea, la compra o venta de bienes impulsado por normas sociales, es responsable del 10% de las emisiones de gases de efecto invernadero en el mundo. Por ejemplo, el deporte es un lugar donde vemos magnificada la cultura del consumidor, ya que la industria del deporte ha comenzado a centrarse en el consumo en lugar de los deportes en sí.

Como todos sabemos, el cambio climático ha sido un tema de actualidad en nuestra sociedad durante muchos años, pero debemos actuar ahora para evitar efectos irreversibles. La cultura del consumo es perjudicial para el medio ambiente.

¿Qué es la cultura del consumo?

La cultura del consumo, es el gasto del dinero de las personas en bienes materiales, para lograr un buen estilo de vida en una sociedad capitalista. La cultura de consumo comenzó en la década de 1920 con la introducción de la prensa sensacionalista, las revistas y las radios. Desde la década de 1920 ha existido un aumento exponencial en el consumo de bienes, ya que lo que antes eran lujos ahora se ven como necesidades. El objetivo del anunciante de hoy en día es crear valor en los productos al mostrarlos de una manera en la que el consumidor parezca una persona más deseable.

Vivimos en una sociedad donde se destaca el mensaje de que eres lo que posees, y cuanto más poseas, más feliz serás. El consumo en nuestra sociedad es un proceso social. Comprar más significa tener un estatus social más alto. La ideología detrás de esto es legitimar el capitalismo en nuestra vida diaria y motivar a las personas a convertirse en grandes consumidores. Cuantos más consumidores haya, más dinero podrán ganar estas empresas.

Vivimos en una era de producción en masa donde existe la expectativa de que cualquier artículo que deseamos siempre estará disponible para comprar. Dado que comprar todos estos productos es tan sencillo, los damos por hecho y no reconocemos las consecuencias de todas nuestras compras. Compramos mucho más de lo que necesitamos porque queremos encajar. Nos esforzamos por alcanzar un alto estatus social y haremos lo que sea necesario para lograrlo.

Cultura de consumo en nuestra sociedad

La cultura del descarte es un término utilizado para describir el consumo excesivo y la producción excesiva de artículos desechables de corta duración. La razón por la que esto ocurre es que cuando las empresas fabrican productos con una vida útil deliberadamente corta, los consumidores tienen que volver a comprarlos con más frecuencia. La teoría detrás de esto se llama obsolescencia programada, y sirve para explicar por qué los productos no se fabrican para durar. Uno de los primeros ejemplos de obsolescencia es la bombilla. En la década de 1920, las bombillas duraban casi 2500 horas, mientras que hoy solo duran 1000 horas. La empresa que fabricó las bombillas las hizo a propósito para que tuvieran una vida útil más corta. Las empresas fabrican deliberadamente productos que no duran para poder obtener mayores ganancias. El problema detrás de esto son los efectos perjudiciales que tiene sobre el medio ambiente. Hay un flujo constante de desechos tóxicos que se acumulan en nuestro planeta y no tienen adónde ir.

Otra tendencia que hemos visto en nuestra sociedad que provoca un exceso de producción es el fast fashion. Fast fashion es un término utilizado para describir un modelo de negocio altamente rentable en el que se producen en masa réplicas de las tendencias de moda más recientes a bajo costo. Desde el año 2000, la producción de ropa se ha duplicado, ya que las empresas de ropa han pasado de lanzar solo dos líneas de ropa al año a lanzar ahora un promedio de seis. La mayoría de nosotros tendemos a comprar ropa barata que está de moda en un momento determinado, pero que no dura. La moda rápida es el segundo mayor contaminador del mundo, solo por detrás de la industria petrolera. Las aguas residuales tóxicas de las fábricas textiles se vierten directamente a los ríos causando efectos adversos para la vida acuática y las comunidades cercanas a esa fuente de agua.

Cultura de Consumo en el Deporte

Al observar la Cultura del Consumidor en el deporte, vemos que el marketing y los bienes de consumo desempeñan un papel cada vez más importante. Los Juegos Olímpicos son un ejemplo de una de las plataformas de marketing más efectivas del mundo. El creciente comercialismo en los Juegos Olímpicos ha llevado a los críticos a decir que giran menos en torno a los deportes y se centran más en la reproducción de la riqueza y el consumo. El aumento de la comercialización y el consumismo global integrado en los Juegos Olímpicos solo aumenta el consumo, lo que aumenta los riesgos ambientales potenciales. A lo largo de los años, se ha hecho evidente que el Comité Olímpico Internacional se centra más en los patrocinadores que en los propios atletas.

Otro ejemplo de cultura de consumo en el mundo del deporte es la cantidad de veces que cambia el logo de un equipo deportivo profesional. Cada vez que se hace esto, producen todas las camisetas nuevas para el equipo y los fanáticos. Esto conduce a más y más producción de ropa. Estamos constantemente comprando y produciendo sin comprender las consecuencias que esto puede tener en nuestro medio ambiente. Tal como se ha visto con la moda rápida, este tipo de producción tiene efectos perjudiciales sobre el suministro de agua y los ecosistemas acuáticos.

¿Cómo afecta la cultura de consumo al medio ambiente?

Uno de los principales problemas que vemos presentes con la cultura de consumo es su impacto en el medio ambiente. William Rees, de la Universidad de British Columbia, informó que consumimos un 30 % más de material de lo que es sostenible de los recursos mundiales (Scientific American, 2011). Si bien esto ha sido un problema durante un tiempo, las consecuencias de nuestro pasado nos están alcanzando rápidamente.
Desde la década de 1920, la cantidad de desechos que producen los humanos ha aumentado en casi un 10mil %. Este aumento en el desperdicio coincide con la línea de tiempo exacta de cuando vimos el comienzo de la cultura del consumo.

Hay muchas consecuencias de tales estadísticas. Si continuamos por el camino actual, no podremos lograr las reducciones necesarias para que el mundo se mantenga por debajo de 1,5 grados centígrados. Los científicos dicen que esta es una temperatura necesaria para mantener un planeta habitable. Esto requerirá un cambio en nuestra sociedad, y este cambio debe llegar muy pronto. Si queremos hacer nuestra parte para disminuir el calentamiento global, las emisiones basadas en el consumo deben disminuir en un 50 % para 2030. El cambio social es la única forma en que podremos reducir nuestro consumo. Es a través de la conciencia y la voluntad de hacer un cambio que esto puede ocurrir.

Iniciativas para el cambio

Con este problema creciente, existen múltiples iniciativas para el cambio. Un ejemplo de esto es el Reino Unido, donde está ocurriendo un movimiento llamado Derecho a reparar. Este movimiento está tratando de reducir la cultura del descarte que está presente. Se están estableciendo nuevas reglamentaciones que garantizarán que los productos se diseñen y fabriquen para durar, o que se puedan reparar si se rompen o son defectuosos. Esto incluirá la regulación de artículos cotidianos como teléfonos, textiles, productos electrónicos y baterías. Esta iniciativa es crucial y debe implementarse en todo el mundo para disminuir la obsolescencia de los productos.

Otra iniciativa que se observa es el aumento de consumidores que participan en el No Buy Day, (se realiza todos los años el sábado posterior al Black Friday). El objetivo de este día es instar al mundo a cambiar sus hábitos de compra, consumiendo y produciendo menos. Es necesario que haya más atención de los medios para generar más conciencia y lograr que más personas se involucren en las iniciativas que se están llevando a cabo.

Nuestra sociedad capitalista se nutre de la cultura del consumo; cuanto más compras, más dinero ganan las corporaciones. Estas empresas no quieren que compres menos ropa o productos, ya que no quieren perder ningún beneficio. Debe haber un nuevo modelo de consumo que no se centre en cuán sostenibles son los productos, sino en disminuir la cantidad de cosas que se compran y producen. Debe entenderse que el crecimiento infinito no es compatible con un planeta finito. Necesitamos un nuevo enfoque que gire en torno a productos que duren más y se reutilicen tanto como sea posible. Al explorar este tema a través del deporte y la sobreproducción de camisetas de equipos deportivos, podemos ver cómo la cultura del consumo se ha infiltrado en todas las partes de nuestra sociedad.

Capítulo 2
La era del reciclaje

Una breve historia del reciclaje

500 antes de Cristo

Atenas organiza el primer programa de vertederos municipales del mundo occidental. Las leyes locales dictan que los desechos deben eliminarse al menos a una milla de las murallas de la ciudad.

Siglo IX

El primer uso registrado de papel reciclado fue en el siglo IX en Japón. Los antiguos japoneses comenzaron a reciclar papel casi tan pronto como aprendieron a producirlo y el reciclaje se convirtió en parte de la producción y el consumo de papel. La cultura japonesa generalmente trata el papel reciclado como más valioso que el nuevo y el papel reciclado se usaba a menudo en pinturas y poesía. En el siglo XII, se registró el caso de la esposa de un emperador: después de la muerte del mandatario, ella recicló todos los poemas y cartas que recibió de él y escribió un sutra en el papel reciclado para desearle paz a su alma.

Inicio de reciclaje en EE. UU.

Finalmente, en 1690, el reciclaje llega al Nuevo Mundo. Se abre Rittenhouse Mill en Filadelfia y comienza a reciclar trapos de lino y algodón. El papel producido a partir de estos materiales se vendía a imprentas para su uso en biblias y periódicos.

1776

Mientras Estados Unidos declara su independencia de los ingleses, los rebeldes recurren al reciclaje para proporcionar material para luchar en la Guerra de la Independencia.

1865

El Ejército de Salvación se funda en Londres, Inglaterra, y comienza a recolectar, clasificar y reciclar bienes no deseados. Las Brigadas de Salvamento Doméstico emplean a los pobres no calificados para recuperar los materiales desechados. La organización y su programa migraron a los Estados Unidos en la década de 1890.

1897

La ciudad de Nueva York crea una instalación de recuperación de materiales donde la basura se clasifica en "patios de recolección" y se separa en varios grados de papel, metales y alfombras para su reciclaje y reutilización.

1904

Las primeras plantas estadounidenses de reciclaje de latas de aluminio abren en Chicago y Cleveland.

1930

Mucha gente sobrevive a la Gran Depresión vendiendo chatarra, trapos y otros artículos.

Segunda Guerra Mundial

Se hacen campañas masivas de recolección universal de estaño, caucho, acero, papel, nailon y más con la finalidad de reciclarlos para ayudar a ahorrar dinero y así respaldar el esfuerzo bélico.

1970

•	Un mayor énfasis en los movimientos verdes a través de iniciativas respaldadas por los gobiernos, generan conciencia pública sobre los esfuerzos de conservación.

•	El Día de la Tierra se celebra por primera vez el 22 de abril de 1970. Este llama la atención sobre el problema del aumento de los desechos y la importancia del reciclaje. Fue fundado en los EE. UU. por el senador estadounidense Gaylord Nelson y, a nivel mundial, por el empresario John Mc Connell. Ahora, el Día de la Tierra cuenta con el apoyo de más de 192 países.

•	Surge el símbolo del reciclaje: el Bucle de Möbius. El mismo indica que los materiales con los que ha sido fabricado un producto pueden reciclarse. Su diseño fue obra de un estudiante de la Universidad de California, Gary Anderson, que presentó en 1970 esta adaptación (en forma de triángulo) del símbolo del matemático Möbius para un concurso (que ganó) de la Container Corporation of America (empresa de cajas de cartón) con motivo del Día de la Tierra.

•	En 1971 el gobierno canadiense estableció el Departamento de Medio Ambiente, comúnmente conocido como Medio Ambiente de Canadá.

•	El primer contenedor de reciclaje en la acera se usa en Missouri para la recolección de papel en 1974.

•	Para fines de la década, aproximadamente 220 programas de recolección en la acera están en marcha en los EE. UU., de los cuales 60 son de recolección de materiales múltiples.

1980

•	En 1983. en la ciudad de Kitchener, Ontario (Canadá), se introdujo el sistema de reciclaje de caja azul como una forma de clasificar y recolectar de manera eficiente los desechos domésticos. El sistema de caja azul facilitó al público el reciclaje de plástico, papel, vidrio, aluminio, acero y otros materiales. El mismo fue adoptado y modificado en todo el mundo y sigue en uso hasta el día de hoy.

• En 1987, una barcaza cargada de basura llamada The Mobro navegó de un lado a otro de la costa este de los EE. UU. en busca de un lugar para descargar. Esto provocó un debate público sobre la gestión de residuos y sirvió como catalizador para el creciente movimiento de reciclaje en los EE. UU.

• En ese mismo año, Nueva Jersey promulga la primera ley de reciclaje obligatorio universal del país, que requiere que todos los residentes separen los materiales reciclables de su basura.

• Para 1985, Estados Unidos tiene una participación de reciclaje del 10% a nivel nacional.

1990

• El tema del vigésimo aniversario del Día de la Tierra es el reciclaje.

• La primera prohibición sobre el vertido de materiales reciclables entra en vigor en Wisconsin en 1993. Inicialmente prohíbe los desechos de jardín en los vertederos. Posteriormente, en 1995, también se prohíben otros artículos (como llantas, envases de aluminio, papel corrugado, espuma de poliestireno, envases de plástico y periódicos).

• En 1991, Alemania hizo historia cuando aprobó una ordenanza que transfiere la responsabilidad de todo el ciclo de vida de los envases a los productores.

• Para 1995, Estados Unidos tiene una participación de reciclaje a nivel nacional del 20%; el doble de lo que había sido hace 10 años en 1985 y sólo 3 años después, en 1998, supera el 30%.

•   En 1996, Estados Unidos recicla a una tasa del 25 por ciento; la EPA (Agencia de Protección Ambiental de EEUU) establece una nueva meta del 35 por ciento. Mientras tanto, en Alemania, se vende la primera máquina clasificadora de residuos.

2000-Hoy

•   La EPA confirma un vínculo entre el calentamiento global y los desechos, lo que demuestra que reducir nuestra basura y reciclar reduce las emisiones de gases de efecto invernadero.

•   A principios de la década de 2000, comienza la recolección de desechos orgánicos en la acera en la costa oeste (San Francisco).

•   En 2007, Dell Computer comienza a ofrecer un servicio de reciclaje gratuito para sus productos, sin necesidad de compras adicionales, lo que desencadena el movimiento del reciclaje de desechos electrónicos. Cinco estados aprueban leyes que exigen que los productos electrónicos no deseados se reciclen. San Francisco se convierte en la primera ciudad de EE. UU. en prohibir la distribución de bolsas de plástico en las tiendas de comestibles.

•   En 2012, McDonalds finalmente reemplazó sus vasos de espuma de poliestireno por vasos de papel.

•   Durante las últimas décadas, impulsada por el crecimiento astronómico de la industrialización del país, China ha sido el mayor importador individual de materiales reciclables, manejando casi la mitad del volumen global, comprando y procesando materiales de segunda mano a un ritmo acelerado. Sin embargo, en enero de 2018, en un intento por frenar el creciente problema de contaminación del país, China promulgó una ley llamada 'Espada Nacional', cortando sin ayuda la importación de muchos materiales reciclados (principalmente desechos plásticos). Los EE. UU. y muchos otros países industrializados como Inglaterra y Australia se han visto muy afectados, ya que no cuentan con todos los recursos necesarios para manejar la acumulación de materiales reciclables. Los eventos desencadenados por la prohibición de China destacan la necesidad de procesos de reciclaje expandidos y eficientes, y productos de los fabricantes más fáciles de reciclar.

Aunque esta es una lista condensada, se puede ver hasta dónde ha llegado el proceso de reciclaje y que se está volviendo más accesible y generalizado a medida que pasa el tiempo.

La conciencia general sobre el impacto de la humanidad en la tierra y la creciente preocupación por el cambio climático ha aumentado rápidamente durante la última década, lo que ahora lo convierte en un tema candente en todo el mundo. Facebook, Twitter, Instagram, la investigación académica y los medios de comunicación han ayudado a ampliar el alcance de la sostenibilidad y el mensaje de que nosotros, como humanos, necesitamos cambiar nuestras formas. El surgimiento de "influencers sostenibles" como Greta Thunberg, Stella McCartney y Mark Ruffalo han elevado la conversación a nuevos niveles. Eventos globales como la Huelga Climática, la Cumbre de Sostenibilidad de The Economist y la Mesa Redonda de Negocios, arrojan luz sobre el papel de las empresas en la conversación sobre el clima. Los funcionarios electos también están viendo el impacto, ya que las peticiones en línea y los canales de redes sociales se vuelven una parte integral de la expresión de muchos electores. A medida que los ciudadanos se vuelven más conscientes de su impacto en el planeta, más personas alientan a los legisladores de su ciudad y estado a promulgar estándares más estrictos para la reutilización, el reciclaje y el desvío, y los legisladores están escuchando. Hoy en día, están surgiendo tecnologías nuevas y drásticas para ayudar a las personas, las empresas y los recicladores a manejar mejor la sustentabilidad.

Un gran volumen de consumidores está tomando medidas tangibles para abordar los problemas ambientales globales mediante cambios personales, y es evidente en el mercado actual.

Sostenibilidad en los Empleadores

Tampoco se trata solo de productos: las personas se preocupan profundamente por la sostenibilidad corporativa de sus empleadores. En una encuesta reciente, casi el 40% de los millennials han elegido un trabajo debido a la misión de sostenibilidad de una empresa. El 50% de los trabajadores en los EE. UU. también afirmaron que estarían dispuestos a aceptar un salario más bajo para trabajar en una empresa responsable con el medioambiente. La sustentabilidad y la responsabilidad corporativa son de vital importancia para atraer nuevos talentos y retenerlos. Casi el 60 % de los empleados cree que la sostenibilidad corporativa es un imperativo moral.

Donde las empresas pueden comenzar

Según el Foro Económico Mundial, los científicos predicen que, si nada cambia en nuestros hábitos de consumo de plástico, habrá más desechos plásticos en los océanos que peces para 2050, un gran problema. Las corporaciones tienen huellas ambientales masivas (no solo los fabricantes), por lo que las empresas de hoy deben ser más proactivas sobre la sostenibilidad y cómo se cruza con su negocio. Ya sea en el abastecimiento de materiales, la prestación de servicios o la gestión de residuos y reciclaje, la sostenibilidad es una necesidad, no una ocurrencia tardía.

Afortunadamente, la investigación y las tecnologías existen para ayudar a hacer realidad una empresa más responsable con el medio ambiente. Además, los beneficios no son solo para el medio ambiente: los clientes estarán más contentos, los empleados estarán más comprometidos y la organización tendrá un crecimiento más sólido y duradero.

Capítulo 3
¿Qué es la economía circular?

Vivimos en una sociedad de usar y tirar, y esto está cobrando un precio significativo en el medio ambiente. El reciclaje generalizado ha reducido drásticamente la cantidad de residuos que acaban en los vertederos. Según la Agencia de Protección Ambiental (EPA), estos disminuyeron del 94 por ciento 1960, a un 52 por ciento del total generado en 2017.

Pero el reciclaje por sí solo no puede combatir la enorme cantidad de envases, alimentos, productos, y todo lo demás, creado y luego descartado poco tiempo después. Este modelo es indiscutiblemente insostenible. Y la respuesta bien podría ser la transición a un tipo completamente diferente de economía global.

¿Qué es la economía circular?

Una economía circular es un modelo sostenible de producción y consumo. Utiliza, reutiliza, repara, restaura, comparte y finalmente recicla. Esto garantiza que se extraiga el máximo valor de los artículos con un impacto y un desperdicio mínimo.

Para la producción de alimentos, el modelo de regeneración que vemos en el mundo natural es el ideal. Se produce cero desperdicios, porque se convierte en parte integral de otro ciclo de vida.

Por ejemplo, los árboles frutales crecen y producen alimentos en la naturaleza. Los animales y otras formas de vida comen del árbol (y del suelo). Luego, cualquier fruta no consumida se descompone para fertilizar el suelo mismo, apoyando un nuevo crecimiento. El mundo natural es cíclico, y la vida y la descomposición de la materia vegetal (y toda) es un sistema autónomo que se perpetúa a sí mismo.

En resumen, una economía circular imitaría esto. El principio básico podría aplicarse a varias industrias específicas, como la moda, donde cada prenda de vestir se diseña teniendo en cuenta su uso futuro y su eventual reciclaje.

Una economía circular es lo contrario de lo que tenemos actualmente, que es una economía lineal. Producir artículos, usarlos y desecharlos. El modelo lineal tiene un impacto desproporcionado en el medio ambiente, exacerba la escasez de recursos y agrava la desigualdad social y económica en todo el mundo.

La economía del reciclaje, también conocida como "economía circular", se diferencia de los procesos de producción lineal que aún están muy extendidos. En un sistema económico lineal, las materias primas se extraen, los productos se fabrican, venden, consumen y desechan. Esto conduce a una escasez de materias primas, emisiones, grandes cantidades de residuos y la contaminación ambiental asociada.

La economía circular es un enfoque holístico que considera el ciclo completo: desde la extracción de materias primas, pasando por el diseño, producción y distribución de un producto hasta su fase de uso más larga posible y reciclaje. Para que los productos y materiales permanezcan en este ciclo, todas las partes interesadas deben repensar el modo actual y reubicarlo en esa nueva sintonía.

El desarrollo sostenible requiere cambios disruptivos en la forma en que se organizan nuestras sociedades y empresas. El modelo de economía circular (EC) ofrece una nueva oportunidad de innovación e integración entre los ecosistemas naturales, las empresas, nuestra vida cotidiana y la gestión de residuos.

Según el Programa de Acción de Residuos y Recursos (WRAP), una organización benéfica con sede en el Reino Unido que apoya la transición generalizada a una economía circular, el modelo ideal requiere que extraigamos el máximo valor de cada artículo.

Luego, al final de su vida, se pueda recuperar y reciclar tanto como sea posible para su reutilización. En resumen: una economía circular es un sistema cíclico de circuito cerrado que minimiza el exceso. Pasar a un modelo de este tipo podría reducir el desperdicio, mejorar la productividad de los recursos y gestionar mejor la escasez de recursos. También podría ayudar a reducir el impacto ambiental de la propia producción.

La Fundación Ellen MacArthur, que también aboga por una economía circular, explica que la eficiencia de los sistemas de vida natural se basa en ciclos de vida circulares y cíclicos.

"La economía lineal predominante, que se basa en extraer materiales del suelo para fabricar productos que luego se desechan y se reemplazan por otros productos, ha sustentado niveles de crecimiento económico sin precedentes en las últimas siete décadas. Pero sus limitaciones se están volviendo obvias".

La evolución del término a lo largo del tiempo.

En los últimos años el término ha ganado popularidad e identificación, aunque todavía no tiene un parámetro definido de reconocimiento y comparación sobre las empresas (los llamados "indicadores de economía circular" que están desarrollando muchas entidades certificadoras).

Para rastrear dónde nació el concepto de economía circular, necesitamos investigar y volver al término general "ecología", introducido por el biólogo alemán Ernst Haeckel, y luego buscar un punto de referencia más preciso en el giro de las décadas de 1960 y 1970: en 1966 el economista Kenneth Boulding introdujo en "La economía de la próxima nave espacial Tierra" la idea de la Tierra como una nave espacial que tiene una cantidad limitada de recursos y posibilidades de eliminación de desechos a su disposición. En el documento, Boulding declara que la supervivencia de la especie humana está indisolublemente ligada a la capacidad de usar y cuidar lo que tenemos disponible, regenerando los materiales que usamos todos los días. De la economía del vaquero que dispone de espacios ilimitados a la del astronauta, marcada por el límite de la disponibilidad.

En 1971 fue Barry Commoner, el famoso maestro del ambientalismo, quien describió el "círculo por cerrar". Mientras que en 1976 Walter R. Stahel junto con

Geneviève Reday-Mulvey trazaron un vínculo entre los aspectos científicos y económicos en el informe enviado a la Comisión Europea "Potencial de sustitución de mano de obra por energía".

En 2002 el libro "De la cuna a la cuna" de William McDonough y Michael Braungart marca un paso fundamental para el sector: los autores comparan los procesos naturales de los árboles con los industriales, marcando así un hito para la base teórica de la economía circular.

¿Es el reciclaje parte de una economía circular?

El reciclaje es una parte esencial del modelo de economía circular. Ahora es una necesidad generalizada y ha marcado una diferencia considerable en la cantidad de desechos que llegan a los vertederos.

Cuando los productos llegan al final de su vida útil, el reciclaje es una forma de garantizar que permanezcan dentro del circuito cerrado. Pero no es una solución general. El reciclaje representa idealmente un último recurso, cuando no hay otras alternativas disponibles para la reutilización, reparación y adaptación.

Esto se debe a que el reciclaje sigue siendo relativamente ineficiente en comparación con la reparación y la reutilización. Utiliza energía, espacio, tiempo y otros recursos.

Nuestro actual sistema de reciclaje destaca este problema. Si bien los esquemas de procesamiento están cada vez más extendidos, la gran cantidad de envases y otros desechos producidos cada año sigue siendo asombrosa. La mayoría de esto no se puede reciclar.

Según la EPA, solo EE. UU. generó 292,4 millones de toneladas de residuos sólidos urbanos en 2018.

El reciclaje tiene un papel que desempeñar en la economía circular, pero ese papel es mínimo. La innovación upstream (incluye todas las fases que tienen lugar desde la obtención de las materias primas hasta colocar el producto a la venta) es una prioridad. Es decir, prescindiendo de los residuos y la contaminación desde el principio. En lugar de tratar de lidiar con las consecuencias de un mal diseño al final de la vida a través del reciclaje".

Definiciones de economía circular

Una economía circular, tal como se define en la Ley Save Our Seas 2.0, se refiere a una economía que utiliza un enfoque centrado en los sistemas e involucra procesos industriales y actividades económicas que son restaurativas o regenerativas por diseño, permiten que los recursos utilizados en dichos procesos y actividades mantengan su mayor valor durante el mayor tiempo posible, y aspirar a la eliminación de residuos a través del diseño superior de materiales, productos y sistemas (incluidos los modelos de negocio). Es un cambio en el modelo en el que los recursos se extraen, se convierten en productos y luego se convierten en desechos. Una economía circular reduce el uso de materiales, rediseña los materiales para que sean menos intensivos en recursos y recupera los "residuos" como un recurso para fabricar nuevos materiales y productos.

En la economía lineal, los recursos naturales en bruto se toman, se transforman en productos y se desechan. Por el contrario, un modelo de economía circular tiene como objetivo cerrar la brecha entre la producción y los ciclos de los ecosistemas naturales, de los que en última instancia dependen los humanos.

Esto significa, por un lado, eliminar residuos – compostar residuos biodegradables- o, si se trata de residuos transformados y no biodegradables, reutilizarlos, remanufacturarlos y finalmente reciclarlos. Por otro lado, también significa cortar el uso de sustancias químicas (una forma de ayudar a regenerar los sistemas naturales) y apostar por las energías renovables.

2020 fue el año de la Economía Circular, un modelo que cada vez gana más terreno entre los países de la Unión Europea, empeñados en poner en marcha una nueva agenda de medidas ad hoc para salvaguardar el planeta de todos los residuos en los que nos estamos ahogando, debido a diversos factores como el crecimiento demográfico, la escasez de materias primas y la evolución de los procesos productivos.

Palabras claves para entender a la Economía circular:

• **Reducir**: es la base del concepto de circularidad, que pretende reducir el consumo de materias primas, diseñando productos con obsolescencia a largo plazo y mantenimiento sencillo, con menores costos.

• **Reutilizar** la reutilización de materias primas es el primer gran ciclo de vida de los productos, para no perder esa energía gastada en generar ese producto.
• **Reciclaje** último paso para recuperar el material.

La Economía Circular, definida como la cuarta revolución industrial junto con la Industria 4.0, aporta cinco principios fundamentales para la definición de una nueva economía regenerativa:

• Producto como servicio.
• Materiales sostenibles e innovadores
• Compartir la propiedad (economía colaborativa)
• Regeneración del producto
• Mayor vida útil de un producto.

Definición de economía circular del Foro Económico Mundial

"Una economía circular es un sistema industrial que es restaurativo o regenerativo por intención y diseño. Reemplaza el concepto de fin de vida por restauración, se desplaza hacia el uso de energías renovables, elimina el uso de productos químicos tóxicos, que dificultan la reutilización y el retorno a la biosfera, y apunta a la eliminación de desechos a través del diseño superior de materiales, productos, sistemas y modelos de negocio"

La Fundación Ellen MacArthur

Fue en 2009 cuando se estableció una de las referencias más autorizadas e independientes en este campo: la Fundación Ellen MacArthur. La fundación encabezada por la célebre Ellen Patricia MacArthur (Ex regatista inglesa, procedente de Whatstandwell, Derbyshire, quien el 7 de febrero de 2005 rompió el récord mundial de circunnavegación del globo. Tras su retiro, el 2 de septiembre de 2010, anunció el lanzamiento de la Fundación Ellen MacArthur, que trabaja para acelerar la transición hacia una economía circular) comenzó inmediatamente con la elaboración de informes y análisis cada vez más extensos y metódicos sobre el tema, definiendo la economía circular como un modelo basado en la regeneración de materiales, exactamente como en un proceso natural. A la causa de la Fundación se sumaron importantes corporaciones globales, agrupadas bajo el proyecto CE100, y recientemente Intesa Sanpaolo, un célebre grupo bancario italiano, destinó un fondo de 5.000 millones de euros, que acoge, en sus criterios de RSC, los temas de la economía circular.

Modelos de negocio en la era de la economía circular

Los modelos de negocio circulares son la clave para alargar la vida de muchas empresas nacionales e internacionales. Comienza con categorías generales, que dan una visión general de las acciones a realizar para el negocio, comunicándolas correctamente al público en general, para luego dirigir la atención a aspectos más específicos, en función de la actividad y el proceso que lleva a cabo la empresa individual:

• Producto como servicio, aprovechando así la acción que ese objeto es capaz de realizar, respecto de su posesión.

• Regeneración y cadena productiva circular. Es la refabricación real que se lleva a cabo en las fábricas de regeneración de materiales.

• Upcycling: el nuevo ciclo de la materia que da valor a los residuos de producción, sin pérdida de energía.

• Artículos de oferta de extensión de vida con una vida útil más larga a un precio más alto.

Estos son algunos ejemplos de Economía Circular:

• Producir tejidos con los residuos del procesamiento de naranjas.

• Construcción de una planta de biogás a partir de los propios residuos de producción agroalimentaria.

• Reciclar neumáticos usados mediante el uso de microondas.

• Reutilización en la que las materias primas proceden de la devolución de muebles o ropa usadas.

• Reciclar plástico para hacer nuevos materiales.

¿Por qué economía circular?

El cambio climático, la pérdida de biodiversidad, la escasez de materias primas y una población mundial en crecimiento requieren una transformación de nuestro sistema económico global. Esta transformación debe lograr reunir las agendas ecológica, económica y social en aras del desarrollo sostenible. La economía circular hace una contribución clave a esto.

Nuestro sistema económico lineal, que funciona de acuerdo con el principio de flujo continuo de tomar-hacer-desperdiciar, está en curso de colisión con los límites de nuestro planeta. La extracción y el procesamiento de recursos son responsables de más del 90 % de la pérdida de biodiversidad global y de más de la mitad de todas las emisiones de gases de efecto invernadero. Sobre todo, el cambio climático y la pérdida de biodiversidad se consideran indicadores importantes de la salud de nuestro planeta; ambos ya se encuentran en un estado crítico.

Estos desafíos, centrales para la supervivencia humana, requieren que encontremos nuevas formas de producir y consumir respetando los límites ecológicos de nuestro planeta.

Los principios de una economía circular

Los principios de la economía circular: la energía y los recursos son oro

En esencia, un modelo de economía circular tiene la intención de eliminar los residuos en el diseño. De hecho, una economía circular se basa en la idea de que no existen los residuos. Para conseguirlo, los productos se diseñan para durar (se utilizan materiales de buena calidad) y se optimizan para un ciclo de desmontaje y reutilización que facilitará su manipulación y transformación o renovación.

Al final, estos ciclos de productos ajustados diferencian el modelo de economía circular además de la eliminación y el reciclaje, donde se pierden grandes cantidades de energía y mano de obra integradas. El objetivo final es preservar y mejorar el capital natural mediante el control de existencias finitas y el equilibrio de los flujos de recursos renovables.

Los principios de la economía circular: siguiendo los ciclos y diseños de la naturaleza

El modelo de economía circular distingue entre ciclos técnicos y biológicos. El consumo ocurre solo en ciclos biológicos, donde los materiales de base biológica (como alimentos, lino o corcho) están diseñados para retroalimentarse al sistema a través de procesos como la digestión anaeróbica y el compostaje.

Estos ciclos regeneran sistemas vivos, como el suelo o los océanos, que proporcionan recursos renovables para la economía. A su vez, los ciclos técnicos recuperan y restauran productos (p. ej., lavadoras), componentes (p. ej., placas base) y materiales (p. ej., piedra caliza) a través de estrategias como la reutilización, la reparación, la remanufactura o el reciclaje.

En última instancia, uno de los propósitos de la economía circular es optimizar el rendimiento de los recursos mediante la circulación de productos, componentes y materiales en uso con la máxima utilidad en todo momento, tanto en ciclos técnicos como biológicos.

Los principios de la economía circular: todo con las energías renovables

El último principio de una economía circular tiene que ver con el hecho de que la energía requerida para alimentar este ciclo debe ser renovable por naturaleza, con el fin de disminuir la dependencia de los recursos y aumentar la resiliencia de los sistemas. En este sentido, este principio se trata de desarrollar la efectividad de los sistemas al revelar y descartar las externalidades negativas.

Europa por la economía circular

Nunca como en los últimos años ha existido la necesidad de hablar de otra cosa, precisamente porque el actual modelo económico productivo se encuentra ahora saturado, a punto de ser reemplazado. Comprometida en este campo desde 2015, la Comisión Europea aprobó un paquete de normas sobre economía circular que obligará a los países miembros a reciclar al menos el 70% de los residuos urbanos y el 80% de los residuos de envases, además de la prohibición de tirar los biodegradables y reciclables en vertederos. Normas que deberían entrar en vigor a partir de 2030 y que ahora están siendo examinadas por el Parlamento Europeo. Los eurodiputados tendrán que encontrar un equilibrio sobre los conceptos de "residuo" y "reciclado" y armonizar un sistema que incluya a países como Alemania y Austria, que ya reciclan el 66% de los residuos, pero también a la República Checa que no llega al 30%.

La economía circular es una economía que protege el medio ambiente y permite ahorrar en costes de producción y gestión, produciendo beneficios. Y en esto, Italia está en una excelente posición en el marco europeo. Del documento del Ministerio de Medio Ambiente y la protección del territorio y el mar "Hacia un modelo de economía circular para Italia" con respecto al sector de los residuos, la producción de urbanos y especiales es igual a 178 millones de toneladas. Por otro lado, con respecto a los procesos de reciclaje, el potencial para hacer que la economía italiana sea cada vez más circular es cada vez mayor. La Comisión Europea proporciona 580.000 puestos de trabajo, de los cuales 190.000 solo en Italia, con un ahorro anual de 72 000 millones de euros para las empresas europeas que adopten ese sistema.

¿Qué es el Plan de Acción de Economía Circular?

En 2015, la Unión Europea redactó el primer paquete de economía circular (EC), un conjunto de 54 acciones diseñadas para facilitar la transición a una economía circular europea.

El 11 de marzo de 2020 se elaboró un documento, el Plan de Acción de Economía Circular, que nació siguiendo las directrices del Paquete de la CE.

El Plan de Acción de Economía Circular contiene todas las iniciativas que la UE ha decidido implementar a lo largo de todo el ciclo de vida de los productos: comenzando desde los procesos de diseño y producción, pasando luego a la promoción del consumo sostenible.

El nuevo Plan de Acción lanzado por el Parlamento Europeo sobre Economía Circular

El 11 de febrero de 2021 se modificó y aprobó el nuevo Plan de Acción de Economía Circular, con 574 votos a favor. Esta actualización del documento ha sido posible gracias a la mentalidad compartida dentro de la Unión Europea sobre la transición a la Economía Circular.

De hecho, para el Parlamento Europeo, la Economía Circular es "el camino que la UE y las empresas deben seguir para seguir siendo innovadores y competitivos en el mercado global, al tiempo que reducen su huella ambiental"

La UE quería centrarse en tres actividades en particular:
- La reducción de la huella de consumo.
- El incremento en el uso de materiales circulares.
- Apoyo al crecimiento económico.

Hasta la fecha, estos sectores han demostrado estar subdesarrollados. Basta pensar, como señala el Parlamento Europeo, que solo el 12% de los materiales que utilizan los industriales en la UE proceden del reciclaje.

Además, la UE ha ampliado el documento con una nueva Directiva de ecodiseño para incluir productos no relacionados con la energía. Este debería regular los bienes puestos en el mercado que cumplan con estándares específicos relacionados con la durabilidad, la no toxicidad, la reciclabilidad y la reparabilidad.

En términos económicos, de nuevo según las previsiones del Parlamento Europeo, las inversiones en Economía Circular aumentarán el PIB europeo en un 0,5%, creando unos 700.000 nuevos green workers (trabajadores en los sectores verdes) para 2030.

Capítulo 4
Ventajas y desafíos
de la economía circular

Cifras sobre la Economía Circular

Del informe " No hay tiempo que perder " publicado por Bank of America Merrill Lynch, la producción total de residuos en el mundo asciende a aproximadamente 11 mil millones de toneladas cada año, de los cuales el 75% se destina a vertederos o incineración, mientras que solo el 25% se reutiliza o recicla. A partir de las estimaciones relacionadas con la necesidad de materias primas industriales entre ahora y 2030, se estima que la brecha entre la demanda y la oferta de productos básicos será de alrededor de 8 mil millones de toneladas al final de la próxima década y luego ganará una mayor participación. En 2050, según algunos estudios, estaría destinado a alcanzar el pico de 29 mil millones de toneladas. Es evidente que la adopción de sistemas de gestión y reutilización de residuos se está convirtiendo en fundamental para todos los aspectos relacionados con el cambio climático.

Beneficios del modelo de economía circular

Desde la revolución industrial, la humanidad ha estado siguiendo un modelo lineal de producción y consumo. Las materias primas se han transformado en bienes que luego son vendidos, utilizados y convertidos en residuos que muchas veces han sido desechados y gestionados inconscientemente.

Por el contrario, la economía circular es un modelo industrial que es regenerativo por intención y diseño, teniendo como objetivo mejorar el rendimiento de los recursos y combatir la volatilidad que el cambio climático podría traer a las empresas. Tiene beneficios tanto operativos como estratégicos y reúne un enorme potencial para la creación de valor en las esferas económica, comercial, ambiental y social.

Menos emisiones de gases de efecto invernadero

Uno de los objetivos de la economía circular es tener un efecto positivo en los ecosistemas del planeta y luchar contra la explotación excesiva de los recursos naturales. La economía circular tiene el potencial de reducir las emisiones de gases de efecto invernadero y el uso de materias primas, optimizar la productividad agrícola y disminuir las externalidades negativas que trae el modelo lineal. Cuando se trata de reducir los gases de efecto invernadero, una economía circular puede ser útil:

• Porque utiliza energía renovable que a la larga es menos contaminante que los combustibles fósiles.
• Gracias a la reutilización y la desmaterialización, se necesitan menos materiales y procesos de producción para proporcionar productos buenos y funcionales.
• Porque los residuos se consideran valiosos y se absorben en la medida de lo posible para ser reutilizados en el proceso.

Dado que las opciones preferidas serán materiales eficientes en energía y no tóxicos, y se seleccionarán procesos de fabricación y reciclaje.

De hecho, un estudio de la Fundación Ellen MacArthur descubrió que un camino de desarrollo de economía circular podría reducir a la mitad las emisiones de dióxido de carbono para 2030, en relación con los niveles de 2018.

Suelos saludables y resilientes

Los principios de la economía circular en el sistema agrícola aseguran que los nutrientes importantes se devuelvan al suelo a través de procesos anaeróbicos o compostaje, lo que suaviza la explotación de la tierra y los ecosistemas naturales. De esta forma, a medida que se devuelven "residuos" al suelo, además de tener menos residuos que tratar, el suelo se vuelve más sano y resistente, permitiendo un mayor equilibrio en los ecosistemas que lo rodean.

Además, dado que la degradación del suelo cuesta alrededor de 40 mil millones de dólares estadounidenses al año en todo el mundo y tiene costos ocultos, como el aumento del uso de fertilizantes, la pérdida de biodiversidad y de paisajes únicos, una economía circular podría resultar realmente útil tanto para los suelos como para la salud de la economía.

En realidad, un modelo de economía circular que funcione en los sistemas alimentarios de Europa tiene el potencial de disminuir en un 80 % el uso de fertilizantes artificiales y, por lo tanto, contribuir al equilibrio natural de los suelos, según un estudio de la Fundación Ellen MacArthur.

Menos externalidades negativas

Siguiendo los principios de la economía circular, se gestionan mejor las externalidades negativas como el uso y la contaminación del suelo, del agua y del aire, así como la emisión de sustancias tóxicas y el cambio climático.

Mayor potencial de crecimiento económico

Es importante desvincular el crecimiento económico del consumo de recursos. El aumento de los ingresos por nuevas actividades circulares, junto con una producción más barata al conseguir productos y materiales más funcionales y fáciles de desmontar y reutilizar, tiene el poder de incrementar el PIB y por tanto el crecimiento económico, según un informe de McKinsey.

Más recursos ahorrados: beneficios económicos de la economía circular

En comparación con la extracción de materia prima que es común en el enfoque lineal, el modelo de economía circular tiene el potencial de conducir a una mayor cantidad (hasta un 70 %) de ahorro de material.

Teniendo en cuenta que la demanda total de materiales aumentará debido al crecimiento de la población mundial y de las clases medias, una economía circular conduce a menores necesidades de materiales, ya que se salta los vertederos y evita el reciclaje, centrándose en hacer que los ciclos de los materiales duren más. Por el lado ambiental, también evita una contaminación mayor que la que representaría la extracción de nuevos materiales.

Crecimiento del empleo

Según el 'foro económico mundial', el desarrollo de un modelo de economía circular, junto con una nueva regulación (incluida la fiscalidad) y organización de los mercados laborales, puede traer mayor empleo local en puestos de nivel inicial y semicalificados.

Asimismo, el informe fiscal realizado por especialistas de varias de las principales consultoras mundiales también concluyó sobre el potencial de la economía circular para crear nuevos puestos de trabajo. A la misma conclusión llegó un estudio de agosto de 2018 sobre el desarrollo de prácticas para implementar una economía circular que dice que se podrían generar 50 mil nuevos puestos de trabajo en el Reino Unido y 54 mil en los Países Bajos.

Otro estudio realizado por la Fundación Ellen MacArthur y McKinsey también concluyó sobre los cambios en el crecimiento del empleo en caso de un cambio a un modelo de economía circular. El estudio dice que estos nuevos puestos de trabajo se crearán a través de aumentos en:

•	Prácticas de reciclaje y reparación, donde se pueden agregar nuevos diseñadores e ingenieros mecánicos para hacer productos y materiales duraderos y fáciles de desmontar en las etapas de transformación/producción.

•	Un aumento de nuevos negocios (y nichos) debido a procesos de innovación y nuevos modelos de negocio.

•	Un aumento del consumo y del gasto por precios más bajos.

Nuevas oportunidades de ganancias

Reduce los costos de insumos y, en algunos casos, crea flujos de ganancias completamente nuevos que pueden lograr las empresas que se mueven hacia el modelo de economía circular. En esta esfera circular, las oportunidades de ganancias pueden provenir de jugar en nuevos mercados, reduciendo costos con reducciones de desperdicio y energía y asegurando la continuidad del suministro.

Reducción de la volatilidad y suministros protegidos

Avanzar hacia un modelo de economía circular significa reducir el número de materias primas utilizadas. En cambio, se utilizarían insumos más reciclados (o incluso reutilizables o fácilmente transformables) que tienen una mayor participación en los costos laborales, lo que dejaría a las empresas menos dependientes de la volatilidad del precio de las materias primas. Esto también protegería a las empresas de las crisis geopolíticas y las salvaguardaría con respecto a sus cadenas de suministro, cuya probabilidad de ser destruida o dañada debido a los eventos del cambio climático aumenta cada día. Al final, el modelo de economía circular volvería a las empresas más resilientes, es decir, las haría más resistentes y preparadas para enfrentar cambios inesperados.

La demanda de nuevos servicios: beneficios de la economía circular en las empresas

Según el informe de la Fundación Ellen McArthur, un modelo de economía circular tiene el potencial de crear demanda de nuevos servicios y nuevas oportunidades laborales, tales como:

•	Empresas de recolección y logística inversa que apoyan la reintroducción de productos al final de su vida útil en el sistema.
•	Comercializadores de productos y plataformas de ventas que facilitan una vida más larga o una mayor utilización de los productos.
•	Remanufactura de partes y componentes y reacondicionamiento de productos ofreciendo conocimiento especializado.

Estos nuevos servicios pueden ser identificados por los responsables de la toma de decisiones de la alta dirección, o bien, en un verde bien desarrollado por los empleados de todos los niveles y departamentos.

Conocer mejor a los clientes

El modelo de economía circular parece fomentar modelos de negocio donde los productos son alquilados o arrendados por los clientes durante diferentes períodos de tiempo, según el tipo de productos. Esto brinda a las empresas la oportunidad de conocer los patrones de uso y los comportamientos de sus clientes, ya que interactúan más a menudo con ellos.

En última instancia, esta nueva relación podría mejorar la satisfacción y la lealtad del cliente y contribuir también al desarrollo de productos y servicios que se adapten mejor a los clientes. En un mercado en el que los proveedores siguen siendo responsables del producto suministrado durante más tiempo, la buena comunicación y la comprensión de las preferencias y necesidades de los clientes es más importante que nunca.

Barreras a la implementación de un modelo de economía circular

La implementación de un modelo económico circular tendría varios beneficios para el medio ambiente, la economía y las empresas, como hemos comentado anteriormente. Sin embargo, hay algunas razones que explican por qué este modelo ha venido creciendo lentamente.

En nuestro sistema económico actual, existen algunas barreras para su implementación, tales como:

•	Las externalidades sociales y ambientales no se consideran en los precios, privilegiando las señales del mercado financiero en lugar de las personas y la naturaleza cuando se toman decisiones económicas.

•	Los precios de las materias primas son volubles y a precios bajos alternativos, los recursos secundarios de buena calidad no son competitivos.

•	Los modelos de negocios de economía circular son más difíciles de desarrollar, ya que la mayoría de los inversionistas todavía trabajan bajo una lógica de economía lineal y, a veces, se requieren inversiones iniciales.

•	La demanda de productos circulares y alternativas aún es pequeña.

•	Todavía no hay muchos profesionales calificados con conocimientos técnicos o de 'tecnologías de la información y la comunicación' (TIC).

Barreras institucionales a un modelo de economía circular

Cuando se trata de implementar y desarrollar la economía circular, es posible que se deban superar muchas barreras diferentes, como:

•	El hecho de que nuestro sistema económico actual esté orientado hacia la demanda de la economía lineal y aún no esté preparado para lidiar con los empresarios de la economía circular.

•	Los nuevos modelos de negocios pueden ser difíciles de implementar y desarrollar debido a leyes y regulaciones que no están preparadas para este tipo de innovaciones.

• Muchas empresas confían en alianzas antiguas y/o sólidas, lo que dificulta la creación de nuevas alianzas y, por lo tanto, el cierre de ciclos.

• Muchas empresas todavía tienen objetivos y sistemas de evaluación que se centran en la creación de valor a corto plazo, mientras que el modelo de economía circular es un modelo de creación de valor a largo plazo.

• El índice del PIB no considera las externalidades sociales y ambientales, desincentivando la creación de valor en ambas áreas.

Una perspectiva amplia sobre las barreras a un modelo de economía circular

Un estudio sueco realizado en 2017 que tuvo como objetivo integrar diferentes perspectivas sobre este tema sugiere que las principales barreras para avanzar hacia el modelo de economía circular se pueden dividir en financieras, estructurales, operativas, actitudinales y tecnológicas.

La primera barrera tiene que ver con el desafío de medir los beneficios financieros de la EC (Economía circular) y su rentabilidad. La barrera 'estructural' que sigue tiene que ver con la falta de claridad de quiénes son los responsables de la EC dentro de las empresas. A su vez, los desafíos 'operativos' representan la dificultad de manejar y mantener el control de los procesos dentro de la cadena de valor. La cuarta barrera, 'actitudinal', ha demostrado principalmente la falta de conocimiento sobre temas de sostenibilidad y también una gran aversión al riesgo: muestra que los cambios disruptivos no son la mejor manera de desarrollar estrategias circulares.

La última barrera a una circular tiene un origen tecnológico y tiene que ver con la necesidad de cambiar y rediseñar productos y sistemas de producción/recuperación. Estas necesidades terminan creando preocupaciones sobre la capacidad de hacer esto y seguir siendo competitivos y tener productos de calidad.

Transición de la economía lineal a la circular

Beneficios ambientales, sociales y económicos de la transición de la economía lineal a la circular

"Hacer más con menos" es uno de los lemas que mejor describen la economía circular. Este es un pensamiento que debe impulsar cada acción de los sujetos económicos, especialmente las empresas.

La actual crisis financiera ha destituido inevitablemente el viejo modo de pensamiento económico. La crisis ha confundido a los estudiosos del sector privado y del mecanismo de mercado. Los fallos de los mercados por un lado impulsaron el área de la economía keynesiana asociada a una fuerte crítica a la desigualdad distributiva, y también han abierto las puertas a nuevos conceptos de escasez de recursos, defensa de los ecosistemas naturales, energías renovables.

La ISWA, la Asociación Internacional de Residuos Sólidos, suele hablar de los peligros de un mundo donde los vertederos a cielo abierto albergan el 40% de los residuos producidos por el hombre. Esta es una emergencia sanitaria mundial y el cuidado está precisamente representado por la economía circular (ISWA, 2017).

Los beneficios de la economía circular son claros y desde diferentes áreas: ambiental, social y económica. El éxito de este modelo económico depende de cómo se gestione la transición, de lo rápido que arraigue la educación en las ciudades, pero principalmente de lo rápido que seamos capaces de desarrollar las competencias adecuadas y necesarias para beneficiarnos de ella. Ahora vemos en detalle las principales ventajas de la economía circular:

- **Crecimiento económico**

La economía circular tendrá un impacto positivo en el crecimiento. Para 2030, el crecimiento potencial puede valer 4,5 billones de dólares a nivel mundial. Así lo afirma el libro "Economía circular - Del desperdicio al valor" escrito por Peter Lacy, Jakob Rutqvist y Beatrice Lamonica, ejecutivos de la división de servicios de Sustentabilidad de la consultora Accenture.

Por otro lado, argumentan los autores, ya no es sostenible continuar con el actual modelo económico de "toma, hace y tira" si no cambiamos el registro, nos encontraremos con un medio ambiente devastado, un alza en los precios y sumergidos por los desechos.

Según la Comisión Europea, un uso más eficiente de las materias primas y los recursos a lo largo de la cadena de suministro podría reducir la necesidad de nuevas materias primas entre un 17% y un 24% para 2030, con un ahorro para la industria europea estimado en 630 mil millones de euros al año. Varios estudios sobre el potencial de la economía circular indican que la industria europea, gracias a ahorros sustanciales en el coste de las materias primas, podría impulsar el crecimiento del PIB europeo en torno al 3,9% y crear millones de nuevos puestos de trabajo. La economía circular podría ahorrar un 8% de la facturación anual a las industrias y, al mismo tiempo, reducir sus emisiones anuales totales de gases de efecto invernadero en un 2,4% (Comisión Europea, 2014).

Traduciendo a la realidad la actual ola de eco-innovaciones en rápido desarrollo en el contexto de una economía circular, según un estudio realizado para la Fundación Ellen MacArthur, la Unión Europea podría lograr un ahorro anual de casi 1.000 billones de euros para 2030.

Las nuevas tecnologías y modelos comerciales que ya se han realizado parcialmente incluyen automóviles compartidos y automóviles sin conductor, vehículos eléctricos, materiales avanzados como el grafeno, agricultura de precisión, procesos modulares en la construcción y energía de vivienda pasiva altamente eficiente.

Según el informe, en cualquier caso, se puede prever que estas tecnologías reducirán los costes en tres grandes áreas, a saber, la movilidad, la alimentación y el entorno construido, de 900 mil millones EUR anuales para 2030. Si dichas mejoras se aplican en el marco de una economía circular en lugar de lineal, los ahorros podrían duplicarse hasta los 1.800 millones de euros, según las estimaciones del informe (Ellen MacArthur Foundation, 2015).

- **Mejora de productos y ahorro en costes de producción**

Trabajar por una economía circular significa centrarse en productos de mayor duración, desarrollados para la actualización, el envejecimiento y la reparación, considerando estrategias como el diseño sostenible. Los diferentes productos, materiales y sistemas, con muchos vínculos y medidas, son más resistentes frente a los impactos externos, en comparación con los sistemas creados únicamente para la eficiencia.

Se estima que implementar el enfoque de economía circular en la fabricación de bienes duraderos generará ahorros de entre 340 mil y 630 mil millones por año solo en la UE, aproximadamente entre el 12 % y el 23 % de los costos reales incurridos para la producción de materiales en estas áreas. Para algunos bienes de consumo, como alimentos, bebidas, textiles y embalajes, el potencial de ahorro del material se estima incluso en 700 mil millones por año. Sin embargo, otro estudio estima los beneficios de reducir los costes de producción/eliminación de residuos, proporcionando un ahorro anual que oscila entre 245 mil millones de euros y 604 mil millones de euros (Parlamento Europeo, 2016).

Obtener beneficios de la adopción de la economía circular también depende de qué tan bien y rápidamente se implementen y desarrollen las habilidades y la educación necesarias. Entre los primeros objetivos alcanzados se encuentra definitivamente una mayor autosuficiencia en relación con las materias primas: ya al consumidor se le evita actualmente una cuota de entre el 6% y el 12% de la materia -incluidos los combustibles fósiles- mediante el reciclaje y la reutilización, y un diseño cuidadoso.

Porcentajes que pueden llegar con los esfuerzos adecuados al 10-17%, dando un recorte de casi una cuarta parte de la importación de materias primas para 2030.

•   **Aumento de la competitividad empresarial**

Prolongar el uso productivo de los materiales, reutilizarlos y aumentar su eficiencia conduce a un aumento de la competitividad de las empresas que operan de esta forma. Las empresas incluidas en un contexto de economía circular tienen una importante ventaja competitiva frente a los competidores en relación a los consumidores. Estos son cada vez más conscientes de cómo se fabrica un producto y qué impacto tiene en el medio ambiente que lo rodea. Por lo tanto, los consumidores prefieren comprar un producto de consumo circular en lugar de lineal.

•   **Reducción del impacto en el medio ambiente**

Muchos expertos creen que es probable que los productos básicos (petróleo, cobre, cobalto, litio, plata, plomo y estaño) se agoten dentro de 50 a 100 años. Pero entre los recursos cada vez más escasos también está el agua: en 2050, más del 40 por ciento de la población mundial (casi 4 mil millones de personas) vivirá en zonas azotadas por una grave escasez de agua. La intervención humana, como el aumento de los gases de efecto invernadero y el uso de fertilizantes en los cultivos, amenazan reservorios de absorción planetaria como los bosques, la atmósfera, los océanos, etc.

Luego está el tema de los residuos. Si continuamos con el actual modelo de crecimiento de residuos para 2025, los residuos municipales aumentarán más del 75% y los industriales un 35%. Y hasta ahora, alcanzamos los 11 mil millones de toneladas de residuos generados cada año. Los expertos pronostican tensiones en los mercados de materias primas y volatilidad, así como situaciones estresantes relacionadas con la seguridad del agua y los alimentos, lo que generaría tensiones geopolíticas e inestabilidad.

- ### Creando empleos

En concreto, caminar por las calles de la economía circular significa cerrar algunas líneas de producción y/o servicios y abrir otras. Sin embargo, el balance sigue siendo positivo: según la evaluación de la Comisión Europea, solo en el área de gestión de residuos se podrían crear 178 000 nuevos puestos de trabajo para 2030.

- ### Ventajas para las familias

Un informe de la Fundación Ellen MacArthur también ha tratado de cuantificar los ahorros derivados de la implantación de la economía circular. Esto produciría ahorros en forma de menores costes de los recursos primarios, los relacionados con el uso de los productos (por ejemplo, para el mantenimiento de los vehículos, si estos fueran compartidos) y los asociados a efectos externos como la congestión y las emisiones de gases invernadero, que deberían reducirse drásticamente.

El informe constató que los ahorros se acumularían principalmente a favor de las familias, que disfrutarían de una media del 11% de la renta disponible en más gracias a la eficiencia de la economía circular. Esto permitiría un aumento del gasto de al menos un 7 % del PIB para 2030.

Capítulo 5
El modo de llevarla a cabo

Ecodiseño para la producción circular

El ecodiseño es un enfoque que incluye consideraciones ecológicas (evaluación del ciclo de vida) de manera sistemática y desde el principio en la planificación, desarrollo y diseño de productos. El ecodiseño busca conceptos, materiales y métodos de construcción que aseguren que un producto utilice la menor cantidad posible de recursos y materias primas durante todo su ciclo de vida. Por último, pero no menos importante, esto permite ahorrar costos.

Para garantizar que los productos se puedan usar durante el mayor tiempo posible y que, en última instancia, se puedan reciclar, se deben tener en cuenta los aspectos de la economía circular desde la etapa de diseño: los productos deben ser lo más ahorradores de recursos, duraderos, reparables, modulares y desmontables como sea posible y diseñados y fabricados en consecuencia. La elección de los materiales también es fundamental; es de vital importancia utilizar materiales separables, seguros y reciclables siempre que sea posible. También es importante que un producto no solo diga "reciclable", sino sobre todo qué tan alta sea la proporción de material reciclable (materia prima secundaria) que contiene el producto. Siempre que sea posible, no se utilizan productos químicos nocivos para el medio ambiente o la salud durante todo el proceso. El uso de energías renovables también es fundamental para el concepto de economía circular.

Garantizar que los nuevos proyectos y medidas de economía circular realmente reduzcan el resultado final de la contaminación ambiental solo puede lograrse con la ayuda de evaluaciones del ciclo de vida.

La economía circular necesita participación

La transición de una economía lineal a una circular requiere una transformación integral de la economía, que solo puede tener éxito si cuenta con el apoyo de todos los sectores de la sociedad. Se requiere innovación en todos los sectores y un nivel completamente nuevo de cooperación y coordinación a lo largo de toda la cadena de valor: desde la extracción de materias primas hasta el diseño del producto, desde la reutilización y el reciclaje hasta la recuperación, desde el modelo de negocio hasta el comportamiento del consumidor. La implicación, la información y la educación de todos los actores, así como la estrecha cooperación entre la política, la ciencia, las empresas y la sociedad civil serán factores esenciales para el éxito de la transformación.

¿Cómo se mide la circularidad?

La reciclabilidad - también "circularidad material" - es una expresión de la compatibilidad del modelo a examinar con el principio de la economía circular.

Pero, ¿cómo se puede evaluar científicamente en qué medida y con qué eficacia las empresas o productos corresponden a la economía circular y qué progresos están logrando en su desarrollo desde el modelo económico lineal hacia un sistema de economía circular?

En el pasado, era difícil obtener información válida sobre esto, y las declaraciones en este contexto eran bastante vagas y no vinculantes.

En el proyecto "Indicadores de circularidad", la Fundación EllenMacArthur y Granta Design han desarrollado una metodología para registrar la circularidad de productos y empresas en base a hechos.

Indicador de circularidad de materiales (MCI)

El Indicador de circularidad de material (MCI) o "Indicador de circularidad de material" muestra el grado de circularidad del flujo de material en una escala de 0 a 1. Cuanto mayor sea la puntuación, más reciclable o "circular" será el producto.

El MCI puede ser una base para la toma de decisiones de los diseñadores y compradores de productos a la hora de seleccionar materiales, puede utilizarse para informar o para evaluar empresas. La suposición aquí es que la reciclabilidad de una empresa se compone de las circularidades materiales individuales de sus productos.

ICM=1
Para obtener una puntuación de 1, todas las materias primas utilizadas deberían provenir de componentes reutilizados o de materiales reciclados, sin pérdidas en el reciclaje (100% de eficiencia de reciclaje). Cualquier residuo que se produzca durante la fabricación y al

final de la vida útil del producto también tendría que ser reutilizado o reciclado sin pérdidas ("desperdicio cero").

DCL=0,1

Un producto con flujos de materiales totalmente lineales, en el que todas las materias primas son vírgenes y no se reutilizan ni reciclan residuos, recibe una calificación de 0,1. Para alcanzar un valor por debajo de 0,1, la utilidad del producto tendría que ser menor que la de un producto industrial medio (es decir, el producto tendría que tener una vida útil más corta o una intensidad de uso más baja). Un producto con flujos de material completamente lineal, pero con una utilidad mayor que un producto industrial promedio tendría un ICM > 0,1.

LCA y MCI para mejorar la sostenibilidad del producto

Las empresas que desean mejorar la sostenibilidad de sus productos o, en primer lugar, desean determinar su estado actual, a menudo utilizan evaluaciones del ciclo de vida (LCA). Todos los flujos de materiales y energía entrantes y salientes de un producto se registran durante todo su ciclo de vida y los posibles efectos ambientales resultantes se derivan sobre esta base.

Para poder crear evaluaciones del ciclo de vida, se requiere una gran cantidad de datos para representar los procesos subyacentes: ¿Cuál es la composición de la combinación de electricidad en Alemania, por ejemplo, y cuánto CO2 se produce cuando se consumen 1000 kWh?

El Análisis del Ciclo de Vida (ACV) evalúa el ciclo de vida completo de un producto, proceso o actividad, teniéndolo en cuenta desde la etapa de extracción y procesado de materias primeras, pasando por la producción, transporte y distribución, el uso, el mantenimiento, la reutilización, el reciclado y la disposición en vertedero al final de su vida útil.

Existe un software o base de datos denominado GaBi, que es hoy una de las mayores bases de datos de ACV en el mercado y contiene más de 7.000 perfiles de inventario listos para el uso del ciclo de vida.

Lo mismo se aplica al Indicador de Circularidad del Material (MCI): Se requiere una base de datos válida para poder calcularlo y evaluar la reciclabilidad. La intersección entre los datos utilizados para las evaluaciones del ciclo de vida y los datos requeridos para los cálculos de MCI es muy grande.

Con GaBi, también se tiene a disposición una herramienta que, basada en el software de evaluación del ciclo de vida, utiliza métricas MCI adicionales para crear evaluaciones del ciclo de vida y calcular el indicador de circularidad del material, y en esta forma es única en el mercado.

¿Cómo se relaciona la economía circular con el desarrollo sostenible y la economía verde?

En 1987, las Naciones Unidas definieron formalmente el desarrollo sostenible como un modelo de desarrollo que armoniza tres elementos fundamentales: crecimiento económico, inclusión social y protección del medio ambiente. El Programa de las Naciones Unidas para el Medio Ambiente define la economía verde como un modelo económico que "resulta en una mejora del bienestar humano y la equidad social, al tiempo que reduce significativamente los riesgos ambientales y la escasez ecológica". Se esfuerza por crear economías "bajas en carbono, eficientes en recursos y socialmente inclusivas".

Alimento

Una gran cantidad de los recursos del mundo se utilizan para satisfacer la necesidad humana de alimentos. Irónicamente, un tercio de los alimentos que hemos obtenido al agotar el suelo y los recursos de la tierra no termina en nuestra boca. Más bien, se pierden durante el procesamiento, el transporte, la venta al por menor y el uso. Peor aún, tales sistemas de producción y consumo han dado lugar a diversos problemas, como la degeneración del suelo, la contaminación ambiental y los desequilibrios de los ecosistemas. Tales impactos se han extendido mucho más allá de la capacidad de regeneración de la Tierra.

A nivel mundial, la industria agrícola emplea a más de mil millones de personas en sectores relacionados, como la agricultura, el procesamiento, el transporte, la venta minorista, la cocina, el empaque, las ventas y la entrega. Siendo un sector de sustento tan enorme, la industria ha sido etiquetada por algunos como la más grande del mundo. En consecuencia, una inmensa cantidad de los recursos de la Tierra se ha utilizado para mantener el desarrollo de esta industria: el 50% de la tierra habitable y el 70% del agua de limpieza se utilizan para la producción agrícola de alimentos.

En 2009, los científicos propusieron el concepto de "límites planetarios" enumerando 9 sistemas que son necesarios para regular el equilibrio de las capacidades regenerativas de la Tierra. Superar estos nueve límites pondrá en grave riesgo a nuestras sociedades humanas actuales y futuras. Sin embargo, un informe actualizado de 2015 señala que ya se han superado 4 de los 9 límites planetarios. Dentro de ellos, dos de los límites están relacionados con el cambio del sistema terrestre y los flujos de nitrógeno y fósforo. Dichos cambios resaltan aún más los riesgos sin precedentes que enfrenta actualmente nuestro sistema alimentario.

De la granja a la fábrica

Es imperativo pasar del monocultivo industrial a sistemas de producción diversificados que aprovechen al máximo el agua, el aire, el suelo y la ecología. Sin embargo, esta transición no se trata simplemente de evitar el uso de fertilizantes y pesticidas. Más bien, se trata de concebir formas de mantener la salud del suelo y crear un ecosistema vivo para garantizar un sistema de producción de alimentos seguro, saludable y sostenible.

La producción de alimentos genera muchos subproductos, como pajitas, pulpa de soja, conchas de mejillones, etc., todos los cuales tienen valor de uso. La clave es incorporar un paradigma de utilidad total y cero desperdicios para volver a planificar el sistema de producción. Esto se basa en el concepto de "pirámide de valor biológico", que ilustra el desarrollo de cuatro niveles de materiales biológicos: fármacos/productos químicos especiales, alimentos/piensos, materiales a granel/fertilizantes y combustible/electricidad.

Del mercado a la mesa

Para reducir el desperdicio de alimentos, las personas pueden comenzar por reevaluar su relación y sus hábitos en torno al consumo de alimentos. Al cultivar una actitud de cariño, podemos desarrollar un enfoque de cocina y consumo sin desperdicio que priorice el uso de productos alimenticios locales, de temporada y producidos de manera sostenible. Las empresas y las comunidades deben cooperar para utilizar adecuadamente los ingredientes sobrantes y fuera de grado, incluida la redistribución de las fuentes de alimentos a quienes los necesitan.

Además de la producción de alimentos a gran escala, los envases de alimentos y bebidas también contribuyen a generar un enorme desperdicio. En Taiwán, la prevalencia de las "bebidas de mano" (por ejemplo, el té de burbujas) ha contribuido al uso de 1500 millones de vasos de plástico de un solo uso por año, un asombroso equivalente a 44 mil edificios Taipei 101 apilados uno encima del otro. A pesar de los recientes impulsos de empresas, corporaciones y la sociedad civil para reducir el consumo de plástico, que incluyen iniciativas para promover el uso de vasos reutilizables, todavía hay grandes posibilidades de mejora. Actualmente, hay casos en Europa y Taiwán donde los gobiernos y las empresas han promovido conjuntamente el "alquiler de vasos reutilizables" para abordar problemas como el desperdicio de recursos, el uso excesivo de vasos desechables y la inconveniencia de llevar vasos personales.

Convertir los residuos de la cocina en recursos

En realidad, existe un gran potencial comercial para recuperar los desechos de cocina en fertilizantes y energía. El compost es un gran ejemplo: el hogar promedio desecha aproximadamente un kilo de desechos de cocina por día, lo que significa que anualmente hay más de 2 millones de toneladas de desechos de cocina que pueden reutilizarse en fertilizantes, lo que puede traducirse en oportunidades de negocio.

Además de los desechos de cocina, todos los materiales orgánicos eventualmente pueden regresar al suelo como nutrientes, incluidos los recursos ganaderos (p. ej., paja, heces de cerdo, hongos, etc.) y desechos industriales (p. ej., lodos de alimentos y pulpa de bagazo). Para promover la industrialización del compost y crear oportunidades comerciales innovadoras, es necesario garantizar un control eficaz de la calidad y la cantidad desde el inicio de la producción, una buena gestión de las tierras ociosas y una formulación de políticas adecuada (es decir, garantizar que los organismos de certificación de fertilizantes pueden asegurar las necesidades de la industria del compost). Lo que es más importante, debido a que el compost se considera un trabajo regional, el desarrollo de conocimientos profesionales y habilidades técnicas relacionadas puede crear más oportunidades de trabajo doméstico.

Convertir los desechos de la cocina en abono tiene muchos beneficios. Desde un punto de vista económico, tiene el potencial de crear oportunidades de trabajo doméstico y promover ingresos. Desde el punto de vista ambiental, tiene la capacidad de reducir la contaminación ambiental y aumentar la fertilidad del suelo. En última instancia, estas oportunidades educarán a los ciudadanos sobre las amplias posibilidades de algo tan simple como los desechos de cocina.

Ropa

Gracias a la moda rápida y la creciente demanda de ropa impulsada por la clase media, solo en 2015, se produjeron más de 100 mil millones de prendas de vestir en todo el mundo. El patrón lineal de producción-consumo tiene impactos sociales y ambientales significativos. Los trabajadores de la confección en los países en desarrollo se encuentran en malas condiciones de trabajo. Los productos químicos sintéticos y los aditivos en el proceso de teñido han creado una contaminación severa. Grandes cantidades de recursos naturales (agua dulce, petróleo y tierra) se utilizan a lo largo de todo el proceso de producción. Sin embargo, la ropa producida a menudo se usa solo por un período corto y los materiales terminan en vertederos. Las industrias textiles y de la moda producen casi el 20% de los residuos mundiales. Aunque el 95 % de los textiles usados se pueden reciclar y reutilizar, solo el 1 % del material se usa para volver a producir ropa. Esto representa una pérdida de más de $ 100 mil millones cada año. Además, la industria de la confección es responsable del 10% de las emisiones globales anuales de carbono. Cuando un producto terminado llega a manos de los consumidores, ha recorrido 1.900 kilómetros.

Los trabajadores de la confección en los países en desarrollo se encuentran en condiciones laborales de explotación. Publicado por la Fundación Ellen MacArthur, el informe "Una nueva economía textil: rediseñando el futuro de la moda" muestra que la producción de ropa se ha duplicado entre 2000 y 2015, mientras que la utilización de la ropa (el número promedio de veces que se usa una prenda antes de que deje de usarse) ha bajado un 36%.

"Una nueva economía textil: rediseñando el futuro de la moda" también señala que el sector de la moda se enfrenta a consecuencias catastróficas en la rentabilidad y los riesgos sistémicos debido al modelo de negocio lineal y derrochador. Cada año se pierden más de USD 500 mil millones en prendas debido a la infrautilización de la ropa y la falta de reciclaje. Cada segundo hay un camión de basura con textiles que se tiran a vertederos o se incineran. Si continúa el escenario habitual, la industria de la moda utilizará más del 25% del presupuesto global de carbono. Además de las emisiones de gases de efecto invernadero, cada año la ropa sintética libera alrededor de medio millón de toneladas de microplásticos al océano durante un proceso de lavado, lo que equivale a más de 50 mil millones de botellas de plástico.

La industria textil en la economía lineal consume vastos recursos naturales y tiene impactos ambientales negativos.

El sector textil utiliza grandes cantidades de materias primas y recursos hídricos. Casi el 50% de la contaminación del agua a nivel mundial es causada por el procesamiento de textiles.

Si el sector continúa el camino habitual, para 2050, podría utilizar el 26% del presupuesto de carbono asociado con el objetivo de 2 °C y consumir 200 millones de toneladas de insumos no renovables al año. Más de 22 millones de toneladas de microfibras fluirán a los océanos dentro de 35 años entre 2015 y 2050.

Alojamiento

Más del 50% de los recursos naturales del mundo son utilizados por la industria de la construcción. Aunque los edificios y la construcción utilizan el 36% de la energía mundial y son responsables del 39% de la huella de carbono mundial, solo el 3-4% de los desechos de la construcción se reutilizan en esa industria.

Según las Naciones Unidas, la población mundial alcanzará los 9.800 millones para 2050, con dos tercios de las personas viviendo en ciudades. Cómo satisfacer este aumento en la demanda de construcción dados los recursos limitados de la tierra se ha convertido en un tema extremadamente importante. La economía circular puede ayudar a reducir eficazmente el consumo de energía utilizada durante la construcción y garantizar la reutilización de sus materiales a través del diseño circular. Al mismo tiempo, la economía circular puede ser una nueva oportunidad para que la industria de la construcción se actualice.

En Europa, la industria de la construcción es una gran consumidora de energía y generadora de residuos: consume el 50% de las materias primas, el 50% de la energía, el 30% del agua y genera el 30% de los residuos, además del 40% de emisión de carbono. Solo el 3-4% de los residuos de construcción se devuelven al propio edificio para su reutilización. Por lo tanto, los Países Bajos, Francia y otros países han incluido la industria de la construcción como la principal industria de transformación en sus políticas nacionales de economía circular.

La construcción circular

La construcción se compone de muchos componentes diferentes, como estructura, exterior, configuración eléctrica, sistemas de tuberías, incluso muebles o electrodomésticos. Todas estas partes tienen diferentes ciclos de vida y, si no se planifican adecuadamente, tendrán que destruirse todas juntas, lo que generaría grandes cantidades de desechos durante la demolición. Sin embargo, si durante la fase de diseño se pudiera dar a cada nivel la máxima flexibilidad y se desmontara correctamente, entonces los materiales ya no tendrían que ser un sobrante "depreciado", sino "activos" que se pueden reutilizar, lo que aumentaría su valor en el futuro cuando los recursos se vuelvan limitados.

Los edificios circulares tienen como objetivo avanzar hacia cero residuos, cero emisiones y cero accidentes. Considere todo el ciclo de vida de un edificio o construcción y planifique un mecanismo reversible y renovable para el material, el agua y la energía, entonces es posible hacer el mejor uso de cada recurso y energía.

Como dijo el arquitecto Ying-chao Kuo de Bio-arquitectura Formosana: "Cada edificio debe ser como un organismo". A través del diseño de prefabricados, modulares y desarmables, es posible cambiar componentes, reparar y aumentar componentes al final del ciclo de vida del edificio o cuando el edificio cambia su función. Al mismo tiempo, el valor de los materiales de construcción se puede retener en gran medida y se convierte en el material del próximo edificio. Podemos ampliar los niveles de un edificio según las diferentes duraciones del ciclo de vida:

• La estructura principal del edificio: el ciclo de vida de la estructura principal es de 50 años, no siendo raro que los casos superen los cien años. Dado que los edificios consumen muchos recursos, la estrategia para los edificios existentes es prolongar su vida útil. Mientras que la estrategia para los nuevos edificios será reducir el volumen en el diseño y adoptar estructuras prefabricadas y modulares para aumentar la tasa de reutilización en el futuro.

• Sistema de decoración exterior: los componentes exteriores para proteger el edificio, como paredes exteriores, puertas y ventanas, techos, etc., con una vida útil de alrededor de 20 a 30 años. Las condiciones climáticas como el viento, la lluvia y la luz solar afectarán directamente al edificio a través del sistema exterior por su resistencia a la intemperie y su consumo de energía después de la construcción.

• Sistemas eléctricos y de tuberías: el equipo eléctrico y la configuración de tuberías, como aire acondicionado, electricidad, suministro de agua y drenaje, su vida útil es de aproximadamente 20 a 30 años. Es un sistema que es relativamente variable según las necesidades del usuario. El conducto expuesto de la tubería es más fácil de reparar, reemplazar y ajustar. Si la tubería con una vida útil más corta se coloca en la pared con una vida útil más larga, no es fácil reparar o reemplazar la tubería. Dará como resultado una reducción de la vida útil de la pared debido a la fuga de agua. Dado que el rendimiento cambiará con el tiempo, si se adopta un modelo de negocio orientado al servicio, siempre utilizaremos equipos de alta calidad.

• Sistema de decoración de compartimentos: paredes interiores, tabiques, techos, decoraciones de pisos y otros niveles son los más relevantes para los usuarios. La esperanza de vida es de unos diez a veinte años. A menudo se ajusta debido a cambios en las necesidades del usuario. Los materiales de construcción modularizados aumentan la variabilidad y conservan las oportunidades de reutilización.

• Mobiliario y equipo: los objetos muebles como muebles, iluminación, electrodomésticos, etc., generalmente tienen una vida útil corta. A través de la adopción de un modelo comercial orientado al producto-servicio, se puede disfrutar de equipos de alta calidad sin responsabilidad de mantenimiento.

A través del diseño de prefabricados, modulares y desarmables, es posible cambiar componentes, reparar y aumentar componentes al final del ciclo de vida del edificio o cuando el edificio cambia su función.

Frente al cambio climático, las empresas ven gradualmente su responsabilidad compartida en la reducción de carbono, y hay mucho espacio para la reducción de carbono en la industria de la construcción. El sector residencial y comercial de Taiwán representa casi el 20% de las emisiones totales. El alto consumo de energía de los edificios existentes hace que las emisiones de carbono del sector residencial y comercial sean altas, solo superadas por el sector manufacturero. Es el departamento que necesita alcanzar la mayor reducción para alcanzar la meta de reducción de emisiones de gases de efecto inernadero para 2025. La industria de la construcción de Taiwán ha dependido durante mucho tiempo del hormigón armado (RC), que consume más de 10 millones de toneladas de cemento cada año. Sin embargo, la producción de cemento y acero se encuentran entre las industrias con altas emisiones de carbono. En respuesta a las futuras tendencias ambientales, debemos repensar el futuro de toda la industria de materiales de construcción. Además de los esfuerzos de la industria del cemento para aumentar la tasa de reemplazo de las materias primas, Europa también ha estado desarrollando vigorosamente tecnologías para reciclar cemento para reducir en gran medida el uso de materiales vírgenes. Además, debido al desarrollo de la tecnología de la construcción, hay muchos materiales de construcción bajos en carbono para elegir. Por ejemplo, usar madera doméstica de plantaciones locales que absorben dióxido de carbono durante el crecimiento y pueden reducir las emisiones de carbono debido al transporte internacional; otros materiales de construcción como el bambú e incluso los hongos se desarrollan a partir de la investigación y el desarrollo innovadores. Hay muchas opciones de materiales de construcción ecológicos, como ladrillos ligeros de espuma hechos de vidrio reciclado, materiales de construcción hechos de albura de piedra.

Clon digital

El Modelado de información de construcción (BIM), que ha sido desarrollado por la industria de la construcción durante muchos años, puede establecer un pasaporte de material completo para un edificio, de modo que el currículum y el estado de cada material de construcción se puedan ubicar claramente y convertirse en un avatar digital del edificio. Podemos tratar el edificio como un lugar de almacenamiento temporal para materiales de construcción. Cuando el edificio ha cumplido su tarea, puede devolver los materiales de construcción o proporcionarlos para su uso en el edificio siguiente, como un "banco de materiales de construcción".

La empresa de construcción con sede en Luxemburgo Astron trabajó con bancos europeos para estimar modelos financieros de construcción lineal y circular. Por un lado, se considera que la demanda de plazas de aparcamiento puede cambiar como consecuencia de la popularización del coche autónomo. Por otro lado, los cada vez más estrictos objetivos de reducción de carbono de la UE y la adquisición de materias primas se han convertido en el riesgo de la operación lineal de las empresas.

Tome un edificio de tres pisos con 580 estacionamientos como ejemplo. En el modo lineal, el método de construcción húmeda de lechada en el sitio es el más conveniente, pero después de su uso, solo se puede demoler por medios destructivos. Los residuos de la construcción se degradan y solo se puede recuperar el 8,3% del valor; mientras que el edificio circular se construye con métodos de construcción en seco modulares prefabricados. Además del costo del material original, se debe agregar el costo del desmantelamiento y almacenamiento adecuados después del desmantelamiento. Aunque el costo es alto, todos los materiales se reciclan y están disponibles para el próximo edificio, la recuperación del valor es de hasta un 73 %.

A largo plazo, las empresas no solo pueden controlar los activos sino también obtener un alto retorno de la inversión. No solo pueden reducir la explotación de recursos vírgenes, el riesgo y el consumo de materias primas y energía utilizada en la fabricación de nuevos materiales de construcción, sino que también pueden responder a la evolución de la sociedad con mayor flexibilidad. La construcción circular no es solo una "buena idea, sino también un buen negocio".

Movilidad

Según los estudios, las personas que poseen un automóvil lo usan solo el 5% del tiempo todos los días, y el 95% restante del tiempo el automóvil está inactivo. El espacio de estacionamiento de los automóviles ocupa el espacio vital de las personas, y los automóviles comprados con mucho dinero no se utilizan adecuadamente. El auge de la plataforma de intercambio intenta mejorar el uso de los recursos en la etapa de uso. En los Países Bajos, solo un tercio de los automóviles se vendieron a consumidores finales en 2015, y la cantidad de contratos de alquiler de automóviles privados fue el doble que el año anterior. Estas dos tendencias también muestran que ya no se da por sentado que las necesidades de movilidad conducen a la propiedad de vehículos privados. Es como si no compráramos un avión solo porque vamos a Nueva York.

Debido al avance de la tecnología de la información y las comunicaciones, ya no es una tarea imposible integrar aún más la plataforma de servicios de transporte público, transporte subpúblico y modos compartidos, lo que también contribuyó al surgimiento del concepto de MaaS. El concepto de Movilidad como Servicio (MaaS) se puede definir como "el uso de una interfaz digital para dominar y administrar los servicios relacionados con el transporte para satisfacer las necesidades de movilidad de cada consumidor", y su propósito es crear un entorno más conveniente, confiable y un servicio de transporte más económico que poseer un vehículo. Dichos servicios que pueden mejorar el transporte y la eficiencia de los recursos al mismo tiempo también se convertirán en una práctica importante para promover que el transporte esté más en línea con el concepto de economía circular.

¿Cómo podemos mejorar los sistemas que ya tenemos?

El reciclaje puede ser cada vez más común, pero incluso dentro de nuestro sistema actual, hay mucho margen de mejora. En los EE. UU., el estadounidense promedio recicla solo el 35 por ciento de sus desechos totales. Esto suma aproximadamente 234 libras (106,2 kg) por persona, cada año.

Para muchos, la falta de acceso conveniente sigue siendo un impedimento importante para el reciclaje. Si bien continúa siendo un componente crítico de cualquier economía circular efectiva, el reciclaje aún no puede mitigar la cantidad de desechos que se producen. O cómo se produce.

Por ejemplo, si bien se debe reducir la producción y aumentar el reciclaje, los consumidores deben tratar d mantener los artículos (ropa, productos electrónicos) hasta el final de su vida útil. Reemplazar (y con suerte reciclar) productos solo cuando sea absolutamente necesario.

Actualmente, la obsolescencia programada, una vida útil finita incorporada, limita la usabilidad de ciertos productos y tecnología, lo que dificulta esto. Por ejemplo, Apple ha sido acusada repetidamente de utilizar actualizaciones de software para limitar el rendimiento de los iPhone más antiguos antes del lanzamiento de nuevos modelos.

Muchos productos también están diseñados de tal manera que no se pueden reparar. Otro modelo de negocio perpetuado por Apple y otros fabricantes de tecnología.

¿Deberíamos estar produciendo menos?

Esto no solo afecta la vida útil de los productos, sino que también afecta si pueden o no reciclarse. Y, si pueden, con qué eficacia. Como siempre, los sistemas de reciclaje juegan un papel esencial, pero la producción y el consumo deben revolucionarse para apoyar esto.

Una posible solución a este problema sería reducir drásticamente la cantidad de modelos, tipos y variaciones de productos. Específicamente teléfonos celulares y artículos de moda rápida, que se lanzan a lo largo de cada año.

Otro sería enfatizar el alquiler o la concesión de licencias en lugar de la propiedad personal. La firma de conocimiento del mercado Mintel predice el rápido crecimiento de la economía de alquiler en los próximos años debido a su combinación de asequibilidad, practicidad y sostenibilidad.

El alquiler de ropa, en particular, es cada vez más popular. Sin embargo, sacudir las normas culturales de la cultura del consumo tal como existen hoy (que enfatizan particularmente el consumo, las cosas nuevas y la propiedad privada) requerirá un gran ajuste en nuestro pensamiento y hábitos. También requerirá un gran ajuste en la forma en que las empresas hacen negocios.

¿Quién lidera el movimiento de economía circular?

Según un informe de Pulse of the Fashion Industry de 2019, solo la industria de la moda genera 92 millones de toneladas de desechos cada año. Esto es más de 42 millones de toneladas más de lo que produce la industria electrónica. También constituye el 4 por ciento del total de desechos del mundo.

La cultura de la moda rápida, en particular, se basa históricamente en gran medida en la explotación de los trabajadores, los tintes tóxicos y las mezclas de telas baratas. Quizás por eso, ciertas empresas del sector están tomando medidas para reducir su impacto en el medio ambiente, incluidas muchas que anteriormente han recibido importantes críticas por sus prácticas.

El año pasado, la multinacional sueca H&M lanzó un programa de reciclaje de ropa que convierte fibras viejas en ropa nueva. Loopop, el primer sistema de reciclaje de ropa, limpia, tritura y crea nuevas telas, todo sin usar agua ni tinte en ningún momento.

La empresa forma parte de la "Iniciativa Make Fashion Circular" de la Fundación Ellen MacArthur, que se centra específicamente en transformar la industria textil y de la confección. La marca de ropa deportiva Adidas también participa en la iniciativa. Ha enfatizado materiales veganos, sostenibles y reciclables en muchos de sus diseños recientes.

En 2019, la compañía presentó "Futurecraft", una zapatilla para correr totalmente reciclable diseñada para ser refabricada al final de su vida útil. Anteriormente, Adidas también se asoció con Parley for the Oceans para producir zapatillas hechas completamente de desechos marinos de plástico recuperado y reciclado.

Ejemplos de empresas que están adoptando la economía circular

Lo que va, vuelve, según el viejo dicho. Y en el caso de la economía circular, eso es realmente cierto.

La economía circular adopta un enfoque diferente al modelo de consumo de tomar, hacer y desechar al que muchos se han acostumbrado. Al reutilizar y reciclar tanto como sea posible, además de reutilizar y vender artículos que han sobrevivido a su uso inicial, la economía circular está creando empleos y generando actividad económica, al tiempo que alivia algunas presiones sobre el medio ambiente.

Es un enfoque basado en "diseñar los desechos y la contaminación, mantener los productos y materiales en uso y regenerar los sistemas naturales", en palabras de la Fundación Ellen MacArthur. La idea está cobrando impulso y realmente se está convirtiendo en la corriente principal a medida que un número creciente de marcas conocidas adoptan métodos circulares y desarrollan productos con circularidad incorporada.

Organizaciones de todo el mundo están creando nuevas plataformas para apoyar la innovación circular. Por ejemplo, la iniciativa Scale360° Playbook del Foro Económico Mundial reúne a tecnólogos, investigadores, empresarios y gobiernos para desarrollar nuevos productos y soluciones, maximizar los recursos y repensar las cadenas de valor. Además, los innovadores circulares emergentes de todo el mundo pueden conectarse y trabajar juntos para compartir ideas y soluciones a través de UpLink, la plataforma de innovación abierta del Foro.

Aquí hay cuatro ejemplos de la innovación circular que podría estar llegando a una tienda cercana a usted:

- **Incentivos de reciclaje: Thousand Fell**

Thousand Fell ya se está haciendo un nombre como fabricante consciente del medio ambiente con zapatos hechos de materiales sostenibles como cáscara de coco y caña de azúcar, e incluso botellas de plástico recicladas.

Ahora, en sociedad con TerraCycle y UPS, el fabricante ha lanzado un incentivo de reciclaje especial. Los clientes pueden devolver pares viejos de zapatos Thousand Fell al fabricante. Thousand Fell luego reciclará el calzado devuelto y enviará a los clientes que pueden usar para un nuevo par de zapatos.

- **Una gran marca que vende artículos de segunda mano: IKEA**

Los visitantes de la ciudad sueca de Eskilstuna, a unos 100 km de la capital Estocolmo, pueden visitar una piedra de 1.000 años cubierta con runas e imágenes vikingas. También pudieron visitar la primera tienda de segunda mano de IKEA.

La tienda cuenta con muebles IKEA usados en buen estado como parte de sus esfuerzos para alcanzar sus objetivos climáticos para 2030.

El jefe de sustentabilidad del gigante escandinavo de muebles, Jonas Carlehed, dijo a Reuters a principios de este año que: "Estamos haciendo un gran reajuste, quizás el más grande que IKEA haya hecho jamás, y una de las claves para alcanzar los objetivos climáticos de la compañía para 2030 es administrar para ayudar a nuestros clientes a prolongar la vida útil de sus productos".

La empresa también ha iniciado recientemente un plan de recompra para los clientes: ofrece cupones a cambio de la devolución de muebles y otros artículos no deseados. Sin embargo, ese esquema se ha suspendido en algunos lugares debido a las restricciones relacionadas con la pandemia en curso.

• Envases reutilizables de comida rápida: Burger King

La comida para llevar es un gran negocio, pero el empaque de esas comidas plantea un desafío de sostenibilidad.

La marca mundial de comida para llevar Burger King ha presentado una solución en forma de envases reutilizables destinados a reducir la cantidad de residuos que genera. Los clientes de Nueva York, Tokio y Portland, Oregón, pronto podrán comprar hamburguesas y bebidas en envases reutilizables.

El plan, uno vigente para el próximo año, incluye un pequeño depósito que se cobra inicialmente y luego se reembolsa cuando el cliente regresa con las cajas y vasos, que se retiran para su limpieza y procesamiento a través del sistema de comercio electrónico sin desperdicios Loop.

• Zapatos que no tienes: Adidas

La multinacional de ropa deportiva Adidas tiene una gama de calzado diseñada pensando en el reciclaje. Sus zapatos UltraBoost DNA Loop están hechos de un solo material: poliuretano termoplástico (TPU). En su fabricación no se utiliza pegamento, sino que se ensambla a altas temperaturas.

En su sitio web, Adidas describe el UltraBoost Loop como los zapatos que los clientes nunca tendrán, sino que regresarán una vez que terminen con ellos.

"Si el final puede convertirse en el comienzo, podemos ayudar a mantener los productos en juego y los desechos fuera de los vertederos", dice la compañía.

¿Qué países de la Unión Europea están ganando la carrera hacia una economía circular?

Una mirada cercana a cómo los países están progresando hacia los objetivos de la UE de hacer que las economías reutilicen y reciclen más mientras reducen el desperdicio muestra líderes inesperados y rezagados.

Polonia y la República Checa se ubican cerca de la parte superior de la lista de las economías más circulares de la UE, mientras que los países nórdicos ostensiblemente verdes se quedan atrás.

Bruselas ha estado impulsando la idea de una economía circular, una en la que casi nada se desperdicia, durante años. En una economía circular, los productos duran el mayor tiempo posible y, cuando es necesario desecharlos, se reciclan con la ayuda de equipos de reciclaje y procesamiento de metales, y los materiales se reutilizan. Como tal, las mediciones analizan todas las etapas de consumo y posconsumo.

Estos incluyen cuánta basura y desechos de alimentos se producen, cuánto de esos desechos se recicla y cuánto de ese material reciclado se reutiliza. También incluyen el volumen de materiales reciclables comercializados, cuántas patentes se presentan relacionadas con la economía circular y cuántos puestos de trabajo se crean en los "sectores de la economía circular" (la mayoría de los cuales son en reparación y mantenimiento).

En general, los países con los puntajes más altos de economía circular (Alemania, el Reino Unido y Francia, respectivamente, encabezaron la clasificación) tienen sistemas de reciclaje robustos y altos niveles de innovación en los sectores de la economía circular. Los países más grandes también tendían a tener puntajes de economía circular más altos, debido en parte al hecho de que tienen economías más grandes con más inversión privada y patentes. Las dos métricas que más se alinean con la clasificación final son el número de patentes y la inversión y los empleos en los sectores de la economía circular.

Pero los países que encabezan la tabla no son estrictamente los más ecológicos: la clasificación de la economía circular varía significativamente del Índice de Desempeño Ambiental de 2018, que es producido en parte por el Centro Conjunto de Investigación de la Comisión Europea y que clasifica una gama más amplia de políticas ambientales, desde aire contaminación y emisiones a la agricultura y la biodiversidad.

Esto se debe en parte a que las prácticas que reducen el impacto en la salud y el medio ambiente no necesariamente contribuyen a la circularidad. Por ejemplo, quemar desechos para obtener energía, una práctica común en los países nórdicos, minimiza el vertido, pero no ayuda a aumentar las tasas de reciclaje y reutilización, por lo que no es muy circular y no ayuda en la clasificación de un país.

Otro factor que reduce la circularidad de los países del norte y oeste de Europa es su tendencia a producir mucha basura. Aunque los Países Bajos, Dinamarca y Suecia se clasifican bastante bien en innovación y reciclaje, sus puntajes se ven afectados por los altos niveles de desperdicio, en especial de alimentos. Mientras tanto, los nueve países que producen menos residuos son todos de Europa Central y del Este. La República Checa ocupó el cuarto lugar en la clasificación general, impulsada por tener el tercer nivel más bajo de desechos municipales y el quinto puntaje más bajo de desperdicio de alimentos de los 28 países.

Croacia ha reconocido la importancia de gestionar los recursos de manera más eficiente en beneficio de la sostenibilidad económica y ambiental a largo plazo, en línea con el 'Paquete de Economía Circular' de la Unión Europea (UE) adoptado en 2018. La Economía Circular (CE) es una alternativa sostenible al modelo económico tradicional lineal (tomar-hacer-desechar), reduciendo al mínimo los residuos mediante la reutilización, reparación, restauración y reciclaje de materiales y productos existentes. Según el último Informe independiente de brecha de circularidad de 2021, nuestra economía global es solo circular en un 8,6 %, desperdiciando el 91,4 % de todo lo que usamos.

El Gobierno de Croacia ha reconocido la necesidad de avanzar hacia una economía circular, minimizando la generación de desechos, separándolos en la fuente, dirigiendo los flujos de desechos hacia diversas formas de utilización y tratando los desechos como un recurso. Por lo tanto, el país busca acelerar el cumplimiento de los objetivos de Economía Circular de la UE e incorporar enfoques de economía circular en el Plan Nacional de Gestión de Residuos (NWMP) actual 2017-2022, así como en el NWMP futuro (posterior a 2022). En este contexto, el Ministerio de Economía y Desarrollo Sostenible (MoESD) solicitó el apoyo del Banco Mundial y ambos comenzaron a trabajar en la implementación de los Enfoques de Economía Circular en la Gestión de Residuos Sólidos. asistencia técnica, con el objetivo de mejorar las prácticas de gestión de residuos en Croacia y apoyar al país en la transición hacia una economía circular. Este programa de asistencia técnica está financiado por el Fondo de Cohesión de la Unión Europea utilizando el instrumento de Servicios de Asesoramiento Reembolsable (RAS) del Banco. El compromiso comenzó en septiembre de 2020 y está previsto que dure hasta finales de noviembre de 2022.

La economía circular en América Latina y el Caribe

En los últimos años la economía circular ha cobrado importancia en América Latina y el Caribe (ALC) como un enfoque que favorece el desarrollo sostenible. Los países de la región, o bien han aplicado, o bien están planificando nuevas políticas, iniciativas públicas y hojas de ruta vinculadas a la economía circular.

La pandemia de la COVID-19 ha puesto de manifiesto importantes deficiencias en la economía lineal: la vulnerabilidad de las cadenas de valor mundiales, el agotamiento de los recursos naturales y la exacerbación de las desigualdades sociales. La economía circular propone un marco alternativo para adoptar un modelo económico más resiliente e inclusivo en los países de ALC.

El éxito de la transición hacia la economía circular en ALC dependerá de la adopción generalizada de las tecnologías de la Industria 4.0. La Industria 4.0 es un factor clave para la economía circular ya que contribuye a la rentabilidad de nuevos modelos de negocio y, al mismo tiempo, reduce los impactos medioambientales. Los gobiernos de ALC deben respaldar la transición hacia la economía circular desde una perspectiva tecnológica para garantizar tanto el valor añadido como la sostenibilidad.

Los países de ALC deben invertir más en iniciativas de investigación y desarrollo a fin de sacar el máximo provecho de las tecnologías de la Industria 4.0 y aplicarlas a la transición hacia la economía circular. El nivel de inversión en ciencia y tecnología sigue siendo relativamente bajo –representa en promedio tan solo el 0,66 % del PIB de la región– y las empresas públicas y privadas solo financian alrededor del 36% de dicha inversión.

El modelo de economía circular confiere la misma importancia a las consideraciones de justicia social y ambiental. Un enfoque de "transición justa" resulta importante para garantizar que la economía circular no perpetúe las desigualdades existentes que han sido causadas por el modelo económico lineal, o perjudique los medios de subsistencia como resultado de la adopción de nuevas tecnologías y la automatización del trabajo. Un enfoque basado en la innovación social para la economía circular en la región de ALC puede reducir la pobreza, promover el desarrollo humano y fomentar patrones de consumo sostenibles en pro de una sociedad más resiliente e inclusiva.

A nivel nacional, la buena gobernanza y la creación de instituciones transparentes que estén basadas en normas son fundamentales para que la transición hacia la economía circular sea exitosa e inclusiva en la región. La provisión de un entorno de inversión estable y de mercados que funcionen correctamente para las empresas, así como hacer frente a la desigualdad, son indispensables para el éxito. A nivel regional, se pueden concebir estrategias que permitan garantizar que los países coordinen sus esfuerzos para respaldar la transición a nivel nacional y subnacional.

En la actualidad, el financiamiento de la economía circular en la región de ALC está limitado principalmente a la provisión de financiamiento internacional para el desarrollo dirigido a las actividades de gestión de los residuos y reciclaje, que son elementos que figuran en el nivel más bajo de la jerarquía de valorización asociada a la economía circular. En el transcurso de la próxima década, la región podría experimentar importantes cambios en lo referente a la gestión de residuos, pero tales cambios requerirán financiamiento. Para que la transición hacia la economía circular sea posible, resulta importante atraer inversiones nacionales y extranjeras que vayan más allá del sector de gestión de residuos.

Las tres grandes áreas industriales que constituyen una prioridad para la economía circular en ALC son el sector minero y extractivo, la gestión de residuos y el reciclaje, y la bioeconomía. La aplicación de prácticas de economía circular en el sector minero resulta esencial para reducir el impacto medioambiental y los riesgos sociales. Dichas prácticas también mejorarán la competitividad del sector a medida que disminuye la demanda de metales primarios y minerales como resultado de la minería urbana y de los avances en la reutilización de productos, la recuperación de materiales y las tecnologías de reciclaje. En el sector de gestión de residuos y reciclaje, las prácticas de economía circular podrían reducir la cantidad de residuos que se envían a vertederos o se incineran. Por su parte, la bioeconomía ofrece importantes oportunidades para establecer sistemas alimentarios y agrícolas sostenibles en la región, que pueden ayudar a evitar disyuntivas entre los objetivos económicos, sociales y medioambiente.

América Latina y el Caribe lanza la Coalición de Economía Circular

La Coalición Regional de Economía Circular se anunció durante un evento paralelo virtual en el XXII Reunión del Foro de Ministros de Medio Ambiente de la región, organizada por Barbados y el Programa de las Naciones Unidas para el Medio Ambiente (PNUMA).

La nueva Coalición, coordinada por el PNUMA, estará liderada por un comité directivo compuesto por cuatro representantes gubernamentales de alto nivel de forma rotativa, comenzando por Colombia, Costa Rica, República Dominicana y Perú para el período 2021-2022.

La Coalición apoyará el acceso a financiamiento por parte de los gobiernos y el sector privado, con especial énfasis en las pequeñas y medianas empresas (PYMES), con el fin de promover la movilización de recursos para la innovación y la implementación de proyectos específicos en la región.

La iniciativa contará con ocho socios estratégicos permanentes: el Centro y Red de Tecnología Climática (CTCN), la Fundación Ellen MacArthur, el Banco Interamericano de Desarrollo (BID), la Fundación Konrad Adenauer (KAS), la Plataforma para Acelerar la Economía Circular (PACE), la Organización de las Naciones Unidas para el Desarrollo Industrial (ONUDI), el Foro Económico Mundial (WEF) y el PNUMA.

Si bien los debates actuales sobre el clima se centran en el cambio a las energías renovables y la eficiencia energética, que abordarán el 55% de las emisiones totales de GEI, la economía circular puede ayudar a abordar el 45% restante que se pasa por alto, que se genera por la forma en que fabricamos y usamos productos y servicios. la forma en que producimos alimentos, según la Fundación Ellen MacArthur.

La Coalición tiene como objetivo implementar un enfoque de economía circular a través del trabajo colaborativo entre gobiernos, empresas y la sociedad en su conjunto.

"La creación de esta coalición reafirma el compromiso de la región con la implementación de la Agenda 2030, con especial énfasis en el ODS 12, Consumo y Producción Sostenibles, a través de la promoción de la innovación, la infraestructura sostenible y una economía inclusiva y circular", dijo Leo Heileman, Director Regional del PNUMA en América Latina y el Caribe.

"Reconociendo que los patrones de consumo y producción insostenibles son la causa principal de las tres crisis planetarias que enfrentamos hoy —cambio climático, contaminación y pérdida de biodiversidad—, tenemos una oportunidad única para repensar nuestra economía lineal y remodelar nuestros patrones de consumo y producción insostenibles". Heileman concluyó.

Visión general
La idea de la Coalición de Economía Circular para América Latina y el Caribe responde al gran interés e iniciativas sobre economía circular promovidas por gobiernos, el sector privado, institutos de investigación y otros actores sociales, así como por las múltiples iniciativas de organizaciones regionales y organizaciones internacionales que brindan apoyo técnico en innovación y enfoques de economía circular.

Los principales objetivos de la Circular Economy Coalition son crear una visión y perspectiva regional común con un enfoque integrado y holístico, ser una plataforma para compartir conocimientos y herramientas, y apoyar la transición a la economía circular con un enfoque de pensamiento de ciclo de vida.

Misión
Proporcionar una plataforma regional para mejorar la cooperación interministerial, multisectorial y de

múltiples partes interesadas, aumentar el conocimiento y la comprensión sobre la economía circular, brindar capacitación y asistencia técnica para el desarrollo de políticas públicas para la economía circular y el consumo y la producción sostenibles.

Visión 2030

Los países de América Latina y el Caribe han comenzado a pasar de un modelo de economía lineal a uno circular, desvinculando el crecimiento económico de la degradación ambiental y el uso de recursos, al tiempo que mejoran el bienestar humano, la regeneración de los ecosistemas y la prosperidad para todos, contribuyendo al logro de la Agenda 2030.

USA: el Pacto del Plástico

U.S. Plastics Pact, liderada por The Recycling Partnership y World Wildlife Fund (WWF), se lanzó como parte de la red global Plastics Pact de la Ellen MacArthur Foundation. El U.S. Plastics Pact es una iniciativa ambiciosa para unificar a las diversas partes interesadas público-privadas en toda la cadena de valor de los plásticos para repensar la forma en que diseñamos, usamos y reutilizamos los plásticos, para crear un camino hacia una economía circular para el plástico en los Estados Unidos.

Los líderes de la industria de EE.UU. reconocen que se necesita un cambio significativo en todo el sistema para lograr una economía circular para el plástico. La acción individualizada no es suficiente y, por lo tanto, el Pacto de los plásticos de EE. UU. reúne a empresas, entidades gubernamentales, organizaciones no gubernamentales (ONG), investigadores y otras partes interesadas en una plataforma precompetitiva para la innovación liderada por la industria. El Pacto del Plástico de EE.UU. impulsará la acción colaborativa y generará un cambio de sistema significativo hacia una economía circular para el plástico, lo que permitirá a las empresas y los gobiernos de los EE.UU. cumplir colectivamente objetivos impactantes para 2025 que de otro modo no podrían cumplir por sí mismos.

"Juntos, a través del Pacto de Plásticos de EE.UU. impulsaremos el cambio de sistemas para acelerar el progreso hacia una economía circular", dijo Sarah Dearman, vicepresidenta de Circular Ventures para The Recycling Partnership. "Como la organización líder que involucra a toda la cadena de suministro para promover la circularidad en los EE. UU. es natural que The Recycling Partnership promueva acciones de colaboración con otros líderes de la industria para crear un cambio sustancial y duradero para el mejoramiento de nuestro planeta. Los resultados de los esfuerzos del U.S. Plastics Pact para promover el empaque, mejorar el reciclaje y reducir los desechos plásticos beneficiarán a todo el sistema y a todos los materiales».

En línea con la visión de la Ellen McArthur Foundation de una economía circular para el plástico, que une a más de 850 organizaciones respaldada por definiciones comunes y objetivos concretos, el Pacto del Plástico de EE.UU. reúne a productores, marcas, minoristas, recicladores y empresas de gestión de residuos de envases de plástico. Los formuladores de políticas y otras partes interesadas para trabajar colectivamente hacia soluciones escalables adaptadas a las necesidades y desafíos únicos dentro del panorama de los EE.UU. a través del intercambio de conocimientos vitales y la acción coordinada.

Al día de hoy, más de 60 empresas, agencias gubernamentales y ONG, se han unido al Pacto de los plásticos de EE. UU., lo que representa cada parte de la cadena de suministro y fabricación de plásticos. Al unirse al Pacto de Plásticos de EE. UU., acuerdan cumplir colectivamente estos cuatro objetivos:

1.	Definir una lista de envases que se designarán como problemáticos o innecesarios para 2021 y tomar medidas para eliminarlos para 2025.
2.	Para el año 2025, todos los envases de plástico serán 100% reutilizables, reciclables o compostables.
3.	Para el 2025, emprender acciones ambiciosas para reciclar o compostar de manera efectiva el 50% de los envases de plástico.
4.	Para 2025, el contenido medio reciclado o el contenido de origen biológico de origen responsable en los envases de plástico será del 30%.

Los resultados de un cambio medible en cada una de las áreas objetivo y la presentación de informes transparentes son resultados clave del Pacto del Plástico de EE. UU. El progreso del Pacto de EE. UU. se rastreará a través de ReSource: Plastic Footprint Tracker de WWF, que proporciona una metodología estándar para rastrear las huellas de plástico de las empresas e informar públicamente sobre sus compromisos de residuos plásticos cada año. El informe se pondrá a disposición del público cada año.

"La contaminación plástica es una crisis global que necesita soluciones locales, y Estados Unidos es una de las mayores oportunidades donde las intervenciones regionales pueden resultar en un cambio transformador en todo el mundo", dijo Erin Simon, directora de Desechos Plásticos y Negocios de World Wildlife Fund. «Para hacer esto, WWF considera que el Pacto de los plásticos de EE. UU. Es el eje para unir a las partes interesadas fundamentales (líderes de la industria, sistemas de gestión de residuos y responsables políticos) bajo una visión común y un plan de acción para un impacto significativo y medible».

Lograr esta visión requerirá nuevos niveles de innovación y colaboración de todos los Activadores del Pacto de Plásticos de EE. UU. Y más allá. El Pacto de EE. UU. se lanza como parte de la red Plastics Pact de la Fundación Ellen MacArthur, uniéndose a Plastics Pacts en Europa, América Latina y África como una respuesta globalmente alineada a los desechos plásticos y la contaminación que reúne ambición compartida, experiencia combinada y colaboración para crear Soluciones regionales y nacionales hacia una economía circular en la que el plástico nunca se convierta en desperdicio.

«Este es un paso emocionante en el viaje hacia una economía circular para el plástico en los Estados Unidos, que mantiene el plástico en la economía y fuera del medio ambiente», dice Sander Defruyt, líder de la iniciativa New Plastics Economy de la Fundación Ellen MacArthur. "Este esfuerzo no solo ayudará a crear soluciones en los EE. UU. sino en todo el mundo como parte de nuestra red global de Plastics Pacts. Esperamos trabajar con todos los involucrados para impulsar un cambio real, eliminando artículos plásticos problemáticos e innecesarios, innovando para garantizar que todos los envases de plástico sean reutilizables, reciclables o compostables, y distribuyéndolos en la práctica. Alentamos a otros a unirse a nosotros en este viaje hacia un Estados Unidos libre de desechos plásticos y contaminación".

El siguiente paso para el Pacto de los plásticos de EE. UU. será crear una hoja de ruta, estableciendo los pasos para lograr los objetivos descritos anteriormente.

#######

www.ingramcontent.com/pod-product-compliance
Lightning Source LLC
Chambersburg PA
CBHW071355130726
47996CB00002B/937